PAULO ROBERTO SÓRIA

FELICIDADE DE VERDADE

O CAMINHO

BÍBLICO PARA

A ALEGRIA E A

REALIZAÇÃO

PESSOAL

Felicidade de verdade

Copyright © 2020 by Paulo Roberto Sória
Todos os direitos desta publicação reservados para Convicção Editora
Publicado sob licença por Ágape Editora e Distribuidora Ltda.

Convicção
Direção geral: Sócrates Oliveira de Souza
Coordenação editorial: Solange Cardoso d'Almeida
Publisher: Omar Souza

Editora Ágape LTDA.
Direção geral: Luiz Vasconcelos
Editor responsável: Omar Souza
Revisão e diagramação: Equipe Ágape
Capa: Kelson Spalato Marques

Texto de acordo com as normas do Novo Acordo Ortográfico da Língua Portuguesa (1990), em vigor desde 1º de janeiro de 2009

Dados Internacionais de Catalogação na Publicação (CIP)

Sória, Paulo Roberto
Felicidade de verdade./ Paulo Roberto Sória.
Rio de Janeiro: Convicção Editora, 2020.
144p.
ISBN versão impressa: 978-65-88654-01-9
ISBN versão ebook: 978-65-88654-00-2

1. Verdade, Felicidade de – Novo Testamento – Reflexões. I. Título.

CDD 226.9

CONVICÇÃO EDITORA
Rua José Higino, 416 – 16 – Sala 2 – 1º andar
CEP 20510-412 – Tijuca – Rio de Janeiro, RJ
Tel.: (21) 2157-5567 | 0800 009 5599
www.conviccaoeditora.com.br | administracao@conviccaoeditora.com.br

EDITORA ÁGAPE LTDA.
Alameda Araguaia, 2190 – Bloco A – 11º andar – Conjunto 1112
CEP 06455-000 – Alphaville Industrial, Barueri, SP
Tel.: (11) 3699-7107 | Fax: (11) 3699-7323
www.editoraagape.com.br | atendimento@agape.com.br

SUMÁRIO

Apresentação 5
Dedicatória 7
Introdução 9

um
Jesus, o Nazareno 11
O homem da Galileia 13

dois
Mateus, capítulo 5 17
O chamado à felicidade 19

três
Mateus, capítulo 6 57
Os desafios à felicidade 59

quatro
Mateus, capítulo 7 99
A felicidade como recompensa 101

Conclusão 141
Referências bibliográficas 143

Apresentação

Apresentar o Sermão do Monte, como é conhecido o primeiro sermão de Cristo, com outra vestimenta ou aparência que não seja a que ele próprio traz pode parecer até mesmo uma irreverência. Ele é uma peça irretocável. Perfeita em si mesma. Uma obra-prima da oratória, segundo os estudiosos da Palavra.

Existem muitas obras sobre o Sermão do Monte, mas esta é uma abordagem diferente, inovadora, bem prática e aplicável ao dia a dia de qualquer pessoa. A profundidade dos pensamentos expostos pode, às vezes, intimidar o leitor, mas Paulo Roberto Sória, pastor batista com longa experiência, mostra como o texto abriga promessas extraordinárias para aqueles que desejam encontrar o caminho da felicidade e da realização pessoal.

Os textos bíblicos utilizados foram retirados da tradução em Português por João Ferreira de Almeida, edição corrigida e revisada, fiel ao texto original.

Dedicatória

Desejo dedicar este trabalho de apreciação sobre o mais fenomenal de todos os discursos que a humanidade já teve o privilégio de ouvir, à minha família e à minha igreja.

À Carmem Lúcia Bernardes Sória, companheira que Deus me deu nesses muitos anos como pastor de igrejas, missionário dos batistas na França, capelão e educador dos colégios batistas do Rio de Janeiro, São Paulo e Bauru, sendo sempre estímulo e inspiração.

Aos meus filhos, nora e genros: Marilu e Serge, Paula e Alexandre, Roberto e Luciana, bênçãos constantes em todos momentos.

À Igreja Evangélica Batista no Alto da Mooca, onde tenho a alegria de exercer um ministério pastoral cheio de paz e alegria, vendo os frutos proporcionados pelo Senhor nosso Deus.

Paulo Roberto Sória

Introdução

O Sermão do Monte é a declaração mais completa sobre ética, moral, relacionamento interpessoal, integridade, dignidade, fidelidade e solidariedade humana de toda a literatura mundial em todos os tempos, além de seu amplo e profundo simbolismo religioso e revelação espiritual. A obra-prima do discurso humano, apresentada por um Mestre peregrino nas estradas poeirentas da Galileia, que circulava nas aldeias pobres às margens do Jordão e no interior da Palestina, é um feito divino dirigido, no primeiro momento, à população palestina, mas que, com o tempo, alcançaria uma multidão de discípulos em todo o mundo.

O divino e o humano se confundem em uma simbiose perfeita. Humano, por se tratar de uma pregação feita pelo Jesus de Nazaré, pelo homem da Galileia, pelo Filho do homem que prega a simples pescadores do Lago de Genezaré. Divino, por ser o Verbo de Deus, o Messias esperado, o Cristo, Palavra de Deus que se fez carne, que se humanou para proferir o ensino do caminho, da verdade e da vida.

O Cristo de Deus que veio ao mundo para expirar na horrível cruz do Calvário, exangue, lavando os pecados de todos quantos acreditam nele, seguindo-o como Salvador e Senhor. Um discurso proferido numa colina, às margens de um lago, sem amplificação da voz, sem divulgação da imagem, nem mesmo a gravação sonora, sem os recursos da sonoplastia e da informática, que vai passando, além do sopé da montanha, atinge seu cume e ultrapassa as barreiras do espaço e do tempo. Sua mensagem atinge povos, civilizações, culturas, línguas e dialetos, faz a volta ao mundo, não se desgasta com o passar dos séculos, atinge a marca do terceiro milênio e permanece atual e relevante, tão apropriado hoje como há séculos.

O ensino de Jesus no Novo Testamento é a consolidação da vontade de Deus entre os homens, a quem ele quer bem, e que precisam ter boa vontade para viverem a vida em paz uns com os outros, construindo a felicidade. É justamente esse o tema central do Sermão do Monte: a felicidade do homem – *makários* que, no grego bíblico, significa "bem-aventurado, feliz". Há, nas verdades das palavras proferidas pelo Mestre, uma receita cujos ingredientes associados procuram a felicidade, a bem-aventurança do ser humano. Uma felicidade suprema, excelsa, construída a partir de elementos inerentes ao próprio homem, com a dosagem da sabedoria e do discernimento doados pelo Espírito Santo de Deus.

Os capítulos 5-7 do Evangelho de Mateus mostram o Mestre Jesus ensinando de tal forma que as multidões, quando ele acabava de falar, ficavam admiradas com sua maneira de ensinar, pois ele não ensinava como os mestres da lei, mas, ao contrário, ensinava com autoridade que vinha do Pai celestial, isto é, autoridade dele mesmo (Mt 7.28,29).

Convido os diletos leitores a descobrirem a verdadeira felicidade, descobrindo o ensino das bem-aventuranças e sendo *makários*.

um Jesus, o Nazareno

O homem da Galileia

Jesus, o Nazareno, o homem da Galileia, era o Filho amado de Deus (Mt 3.17; Is 42.1), em quem o Pai se alegrava e no qual o Espírito Santo se manifestara como prova cabal de sua divindade. Jesus era natural da Galileia, tendo nascido na Judeia, na cidade de Belém. No entanto, foi criado por seus pais em Nazaré.

Os Evangelhos relatam a história de Jesus de forma bem sucinta. José e Maria, descendentes do rei Davi, tiveram de se inscrever no recenseamento decretado pelo imperador César Augusto. Como eram da família de Davi, tinham que se alistar em Belém. Saíram de Nazaré e foram para a Judeia. Após o nascimento do filho, o primogênito do casal, fugiram para o Egito, pois Herodes mandou matar todos os meninos de Belém. Cerca de dois anos depois, voltaram para a Galileia e foram habitar na até então desconhecida cidade de Nazaré.

Nazaré é uma cidade do sul da Galileia, distando 169 quilômetros ao norte de Jerusalém. Foi ali que o anjo Gabriel levou à Maria, noiva de José, o anúncio do nascimento do Messias (Lc 1.26,27). Ela fica situada a aproximadamente 10 quilômetros ao norte do Monte Tabor, a 375 metros acima do nível do mar, distando cerca de

16 quilômetros do Lago de Genesaré – o mesmo Mar da Galileia ou de Tiberíades (Jo 6.1).

Certa ocasião, os habitantes de Nazaré quiseram matar Jesus. Assim, levaram-no ao alto do monte sobre o qual a cidade estava edificada para o jogar dali abaixo, mas Jesus, passando pelo meio deles, foi embora (Lc 4.29). Tendo sido expulso da cidade onde fora criado e vivera até então, Jesus caminhou os 47 quilômetros que separam Nazaré da cidade de Cafarnaum, ao norte do Mar da Galileia, e começou a pregar o arrependimento e a chegada do reino dos céus (Mt 4.17). Andando pela praia de Cafarnaum, Jesus chamou alguns pescadores para serem seus discípulos.

O lago, ou Mar da Galileia, mede cerca de 21 quilômetros de comprimento por 12 quilômetros de largura, estando situado 220 metros abaixo do nível do mar. Suas águas são potáveis e abrigam mais de vinte espécies de peixes. Ele é envolvido pelas montanhas, que chegam a ter 700 metros de altitude, o que favorece o surgimento de tempestades devido ao ar frio que vem do norte, do Monte Hermom, encontrando-se com o ar quente do lago. Esse lago foi palco de muitas e extraordinárias ações de Jesus:

- ◊ Os simples pescadores se tornaram discípulos (Mc 1.16-20);
- ◊ Os pescadores que nada haviam pescado, depois de uma noite inteira de trabalho, na madrugada, ao comando do Senhor, enchem vários barcos de peixes (Lc 5.1-11);
- ◊ O mar agitado se acalma sob a ordem do Senhor (Mt 8.23);
- ◊ Das margens, a multidão ouve as maravilhosas parábolas do semeador, do joio, do grão de mostarda, do fermento, do tesouro escondido, da pérola, da rede, das coisas novas e velhas (Mt 13);

- Jesus, por duas vezes, multiplicou os pães e deu alimento a milhares de pessoas (Mt 14.33; 15.32);
- As águas do Mar da Galileia sustentaram os passos de Jesus quando ele caminhou sobre as ondas (Jo 6.19);
- Nas colinas do Mar da Galileia, Jesus proferiu o mais lindo discurso que a humanidade ouviu: o Sermão do Monte.

Jesus morou na cidade de Cafarnaum cerca de metade do tempo de seu ministério público, a ponto dela ser chamada a "cidade de Jesus" (Mt 9.1). Em Cafarnaum, Jesus era recebido com alegria quando voltava de suas incursões em outras terras (Lc 8.40). A cidade se tornou íntima para Jesus. Ele amava os habitantes da Galileia e procurava fazer com que entendessem a boa-nova de salvação. Na sinagoga daquela cidade, Jesus, o homem da Galileia, declarou: "Eu sou o pão da vida [...] Eu sou o pão vivo que desceu do céu [...]" (Jo 6.48,51).

dois
Mateus, capítulo 5

O chamado à felicidade

1. O princípio – Mateus 5.1,2

1 E JESUS, vendo a multidão, subiu a um monte, e, assentando-se, aproximaram-se dele os seus discípulos; 2 E, abrindo a sua boca, os ensinava, dizendo:"

No início do Sermão do Monte, encontramos uma série de declarações sobre a felicidade do homem. Usando a metodologia dos mestres de sua época – sentado, tendo à sua volta os discípulos – Jesus ensina os mais valiosos preceitos para quem quer aprender a viver bem e ser feliz.

Está claro que a felicidade é dada pelo Pai celeste como uma dádiva, mas é algo que pode ser construído como resultado da dedicação ao exercício da obediência a Deus e a seus mandamentos. São declarados felizes os que veem, ouvem, recebem a Palavra de Deus e a colocam em prática. Afinal, a Palavra não é apenas teórica, mas, sobretudo, um conceito de vida para ser exercitado sempre em todas as dimensões da existência.

São felizes os que creem sem ver, os que são vigilantes, os que são perseguidos em nome da fé e os que amam o reino de Deus. No contexto do Sermão da Montanha, as beatitudes – ou seja, o estado de serenidade e realização proporcionado pela felicidade alcançada – são compostas de dois elementos: (1) a proclamação da felicidade; (2) a razão dessa felicidade. Por exemplo: "Bem-aventurados os limpos de coração, porque eles verão a Deus" (Mt 5.8).

As bem-aventuranças estão sempre diretamente ligadas ao reino de Deus, pois se tornam as formas do seu anúncio e proclamação, permitindo ao homem a compreensão do seu estabelecimento na terra. Encontramos nove beatitudes no texto de Mateus (5.3-10) e quatro na de Lucas (Lc 6.20-26). As beatitudes estão em forma de declaração das qualidades que uma pessoa que crê em Deus deve possuir e cultivar.

Importante ressaltar que não se trata de escolher uma isoladamente, mas buscar todas em conjunto. Lucas acrescenta quatro queixas, lástimas ou reclamações: "Ai de vós que sois ricos [...] Ai de vós os que agora estais fartos [...] Ai de vós que agora rides [...] Ai de vós quando todos os homens vos louvarem" (Lc 6.24-26).

Percebemos que as bem-aventuranças falam principalmente do dom de Deus, que é soberano e que reina sobre todos e sobre todas as coisas. Secundariamente, mostram a atitude do homem. Não há uma neutralidade de Deus no tratamento dos que sofrem dor ou pobreza, fome ou sede, perseguição ou injustiça; ele toma o partido dos que são mansos, humildes, misericordiosos, puros de coração e pacificadores.

As beatitudes são uma explanação das qualidades e virtudes que são exigidas e devem ser encontradas nos discípulos de Jesus, além de uma declaração de bênçãos que recaem sobre eles imediatamente, e ainda maiores na vida futura. Elas se constituem promessas pertinentes ao reino dos céus, e quem deseja seguir Jesus sabe exatamente o que significa cada uma das expressões quanto ao consolo, à herança da terra, obter misericórdia, ver a Deus e ser chamado filho de Deus.

2. As bem-aventuranças – Mateus 5.3-12

3 Bem-aventurados os pobres de espírito, porque deles é o reino dos céus.

"Pobre de espírito", "espiritualmente pobre", "humilde de espírito", "ter um coração de pobre" são expressões que podemos tomar como sinônimas ou tendo o mesmo sentido. O que Jesus procura ensinar aqui está relacionado a seu discurso. Ele faz um certo paralelismo entre os pequeninos de Mateus 18.1-6 e os pobres de espírito. Ter acesso ao reino de Deus é condição dada, não em virtude da sabedoria dos homens, mas como resultado da graça de Deus. Portanto, os pobres podem entrar porta adentro devido aos méritos de Cristo, e não ao poder humano, mesmo das maiores autoridades, como reis ou imperadores.

O fato é que os pobres são sempre os últimos em qualquer escala de valor da sociedade humana. A elite ocupa o poder e guarda para si os privilégios. No entanto, para Cristo, a lógica do mundo se inverte: os últimos serão os primeiros (Mc 9.35), e os menores serão os maiores (Lc 9.48).

Jesus se identifica com os pobres, humildes e pequeninos a ponto de afirmar que quem serve a essas pessoas, consideradas, sob o ponto de vista humano, menores, serve a ele, e quem não as serve não o serve também (Mt 25.45). A humildade de espírito é a disposição de viver segundo normas espirituais apresentadas por Deus, e não segundo uma atitude de arrogância e de prepotência, bastando-se a si mesmo.

Só é feliz quem reconhece que, com seus próprios meios, por maior que seja o seu poder, não pode se aproximar de Deus.

> 4 Bem-aventurados os que choram,
> porque eles serão consolados.

O choro pode ser a expressão de um sentimento, de uma emoção, de uma necessidade ou de uma dor. Evidentemente, Jesus não está dizendo que uma pessoa que chora por qualquer um desses motivos é feliz, o que seria um contrassenso. No máximo, poderíamos admitir que uma pessoa que chora de emoção por uma bênção recebida, uma conquista alcançada ou outro motivo de alegria pode estar feliz, mas não é este o ponto que o Mestre quer abordar nesta passagem.

Tampouco a ideia aqui é a de dizer que todo tipo de choro está incluído nessa promessa, pois é preciso considerar as pessoas que podem simplesmente chorar, maldizer a Deus e rejeitar esse consolo prometido. Ele quer deixar claro que aqueles que choram serão consolados, desde que o motivo de seu pranto esteja diretamente ligado aos propósitos do evangelho e haja disposição para reconhecer a limitação humana e receber o cuidado divino na hora da dor.

Feliz é a pessoa que chora ao descobrir-se pecadora e entender como precisa se arrepender de seus pecados, pedir perdão e se reconciliar com Deus. Feliz é quem percebe que a humanidade está distante dos propósitos divinos e, sentindo compaixão, chora pelas almas perdidas. Feliz é quem chora um pranto de arrependimento e percebe que foi perdoado pelo sacrifício de Cristo na cruz do Calvário.

*5 Bem-aventurados os mansos,
porque eles herdarão a terra.*

Mansos, traduzidos também por humildes, são os que se submetem à vontade de Deus sem contestação, sem murmuração e sem argumentar.

- ◊ "Por que comigo?"
- ◊ "Por que sempre eu?"
- ◊ "Por que agora?"
- ◊ "De que adianta eu fazer isso se os outros não fazem?"
- ◊ "Quando terei minha resposta?"
- ◊ "Até quando terei de suportar essa situação?"

Estas e tantas outras questões são apresentadas a Deus numa tentativa de justificar nossas imperfeições e nossa falta de humildade. Ser manso, no entanto, não é ser covarde, fraco ou medroso. O salmista Davi apresenta a ideia da mansidão na espera, confiança e entrega ao Senhor (Sl 37). É verdadeiramente entender que a vontade de Deus é soberana e curvar-se a ela pacientemente. Temos o melhor modelo de mansidão na pessoa do próprio Cristo.

*6 Bem-aventurados os que têm fome e sede
de justiça, porque eles serão fartos.*

Na busca de comunhão com Deus e no processo de santificação e dedicação contínua, o ser humano passa a ter uma fome, isto é, uma vontade que lhe vem do ponto mais profundo da alma. Trata-se de um desejo íntimo e intenso de ver a justiça divina sendo exercida na sua vida e ao seu redor. A justiça se confunde com a vontade de Deus, posto que ele é santo e justo, e sua vontade é a perfeição em termos de justiça e santidade. Quem tem fome e sede de relações justas tanto com Deus quanto com o próximo e anseia pela presença de Deus em sua vida será saciado – esta é a promessa.

7 Bem-aventurados os misericordiosos, porque eles alcançarão misericórdia.

Ser misericordioso é ter compaixão da miséria alheia, tanto no sentido próprio da falta de recursos materiais quanto da situação moral e espiritual. É sentir o desejo de perdoar as ofensas e ser indulgente com os outros. É dar clemência ao culpado e buscar aliviar a dor, o fardo e o sofrimento do outro. A questão aqui não é se a outra pessoa merece ou não essa misericórdia, mas a nossa capacidade de concedê-la, mesmo diante do maior insulto.

8 Bem-aventurados os limpos de coração, porque eles verão a Deus.

A beleza da possibilidade de se poder ver o próprio Criador está no fato de que, sendo Deus Espírito, não nos é possível vê-lo, a não ser pela fé. Jesus assegurou aos seus discípulos: "Quem me viu a mim, viu o Pai" (Jo 14.9).

O processo de purificação (limpeza) do coração não pode ser realizado pelos seres humanos – não temos poder nem autoridade para isso – mas pelo Espírito Santo. Essa limpeza é produzida a partir do poder do sangue de Jesus, que nos purifica de todo tipo de pecado. Trata-se de uma ação do Espírito Santo: é ele quem nos purifica, daí falarmos sobre santificação.

Devido à santidade íntima proporcionada pelo Espírito, os filhos de Deus o verão, contemplando a beleza de sua santidade.

9 Bem-aventurados os pacificadores, porque eles serão chamados filhos de Deus.

Pacificadores, pacíficos, promotores da paz, trabalhadores pela paz ou ainda outra tradução possivelmente usada para este versículo traz consigo uma única ideia: quem tem a paz passa a promovê-la.

A paz, à qual o versículo faz alusão, não é aquele ideal, um estado de harmonia universal, ou seja, de um ponto final a toda hostilidade, guerra ou violência no mundo; nessa passagem bíblica, trata-se da paz de cada indivíduo com Deus. O ser humano se tornou inimigo de Deus devido ao pecado que entrou no mundo por causa da desobediência. Pacificador é aquele que, tendo encontrado paz com Deus, torna-se um semeador da paz.

Isso não significa que a paz no sentido de uma harmonia entre os povos seja impossível. Quando uma pessoa tem paz com Deus, certamente isso se refletirá em sua relação com seus semelhantes. Jesus é o responsável pela paz no coração do ser humano. Por meio de Cristo, podemos nos tornar amigos do Pai e, além disso, sermos considerados filhos por adoção, tornando-nos, assim, coerdeiros do reino de Deus.

Quando somos intermediários na reconciliação entre pessoas, nós nos alegramos e ficamos felizes por promover a paz entre elas. Da mesma maneira, quando anunciamos Jesus Cristo como Salvador e Senhor e alguém o aceita, nós nos tornamos promotores da paz com Deus.

10 Bem-aventurados os que sofrem perseguição por causa da justiça, porque deles é o reino dos céus.

Aqueles que se dispõem a viver segundo os ensinamentos de Jesus podem ser perseguidos por amor à causa do reino devido ao senso de justiça, de direito e de verdade que se desenvolve neles. Quando a hostilidade e a perseguição chegam, exigindo sacrifícios e renúncias, o cristão sincero não se sente desesperado nem desamparado, pelo contrário, sente-se feliz pelo fato dessas coisas sinalizarem que essa pessoa é integrante do reino de Deus. A promessa feita aos pobres de espírito se repete aos perseguidos: "O reino dos céus é de vocês".

11 *Bem-aventurados sois vós, quando vos injuriarem e perseguiram e, mentindo, disserem todo mal contra vós por minha causa.*

12 *Exultai e alegrai-vos, porque é grande o vosso galardão nos céus; porque assim perseguiram aos profetas que foram antes de vós.*

Estes dois últimos versículos das bem-aventuranças fornecem uma explicação geral sobre as declarações feitas e acrescentam uma comparação entre discípulos e profetas. Jesus quer mostrar que seus discípulos são responsáveis tanto pela vida dentro dos padrões do Novo Testamento quanto da divulgação da mensagem salvadora, assim como no passado os profetas o fizeram.

Jesus vai comparar seus seguidores – os que são justificados pela graça – aos profetas do passado e dizer ainda que quem recebe um justo como se recebia um profeta receberá recompensa (Mt 10.41).

A felicidade consiste, essencialmente, na expectativa da vida futura, pois as promessas são de caráter espiritual, mas quem busca a vontade de Deus passa a usufruir, de imediato, todas as regalias e prerrogativas de um legítimo filho de Deus.

3. Sal e luz – Mateus 5.13-16

13 Vós sois o sal da terra; e se o sal se tornar insípido, com que se há de salgar? para nada mais presta senão para se lançar fora, e ser pisado pelos homens.

14 Vós sois a luz do mundo; não se pode esconder uma cidade edificada sobre um monte;

15 Nem se acende a candeia e se coloca debaixo do alqueire, mas no velador, e dá luz a todos que estão na casa.

16 Assim resplandeça a vossa luz diante dos homens, para que vejam as vossas boas obras e glorifiquem a vosso Pai, que está nos céus.

O sal sempre teve uma importância muito grande entre o povo de Deus. A presença do Mar Morto na Palestina, cujo teor de salinidade chega a 26%, a ponto de ser chamado Mar de Sal, facilitava muito o acesso a esse elemento. Era usado como tempero para dar sabor às coisas, mas, também, servia como um conservante natural dos alimentos. Essas propriedades realçavam a importância e o significado precioso e permanente do sal. Por essa razão, ele assumiu também um sentido litúrgico, significando um pacto, uma aliança (Nm 18.19).

Outros usos religiosos do sal:

- ◊ Devia ser misturado às ofertas de cereais (Lv 2.13);
- ◊ Era acrescentado na preparação do incenso sagrado (Ex 30.34-38);
- ◊ Era usado no serviço do templo (Ed 7.22);
- ◊ Era empregado na purificação de mananciais de água (2Rs 2.19-22).

Com base na Bíblia, espera-se que os discípulos de Jesus busquem ter uma vida de tal forma influente que possam agir no mundo como o sal, dando sabor, purificando, conservando e perfumando tudo ao seu redor.

Uma das mais impressionantes ações do sal é seu poder de conservar os alimentos. O peixe, por exemplo, que é um tipo de carne que se estraga rapidamente, ao ser preparado com sal, torna-se de grande durabilidade, e seu consumo pode ser estendido para muito tempo depois. O peixe salgado, a carne de sol e outros alimentos são conservados da putrefação pela ação do sal.

Na sociedade, o cristão, aquele que vive segundo os ensinamentos da Palavra e reflete o caráter de Cristo em sua vida, é o elemento indispensável para que não haja corrupção dos hábitos, dos costumes, da moral ou da ética.

A presença do sal é sempre notada. Na medida certa, ele dá gosto e realça o sabor. O sal não passa despercebido; ele se faz notar, sentir, tornando-se indispensável na mesa de todos. Assim é a presença de um discípulo de Jesus. Onde essa pessoa está, ela se torna necessária e indispensável. É com a notória presença e com a influência dos seguidores do Cristo vivo que o mundo fica menos insosso, menos escuro, menos inseguro e menos corrompido, pelo menos, é isso que se espera. O sal dá gosto; a luz ilumina. O sal purifica; a luz mostra a beleza. O sal conserva; a luz transmite segurança.

Assim como o sal e a luz, o cristão transmite tudo de bom ao seu redor. Inclusive, na forma de falar, a pessoa que teme a Deus transmite algo de bom. É por essa razão que Paulo vai dizer que nossa palavra deve ser agradável e temperada com sal (Cl 4.6).

Que seria do mundo sem os cristãos? Certamente se transformaria num caos pela ausência de promotores de paz, justiça, esperança e temor ao Criador (Gn 18.19). Também é delas que se espera que iluminem o meio onde vivem, fazendo com que tudo seja claro, visível, compreensível, confiável e seguro. A falta de luz faz com que a vida se torne sem brilho, sem cor e sem beleza. A luz permite ver os defeitos e as virtudes. Na luz, caminhamos com segurança, sem medo de cair e sem o perigo de errar o caminho. Andar na luz é transmitir confiança.

No entanto, o objetivo do cristão, sendo "sal da terra" e "luz do mundo", não é trazer a atenção de todos para si, mas fazer com que o nome de Deus seja glorificado e todas as suas obras sejam vistas e conhecidas como poder do Criador dos céus e da terra.

O cristão deve mostrar a pessoa extraordinária de nosso Senhor e Salvador Jesus Cristo, o homem de Nazaré, o Filho do Deus Altíssimo, a seus familiares, amigos e todos ao seu redor. Não somos nós que devemos ser vistos pelo mundo, mas Cristo que habita em nós. Jesus é a luz do mundo, e quem anda em seus passos não andará em trevas (Jo 8.12).

Veja, a seguir, algumas observações que podem ajudar a compreender melhor alguns termos e identificar certos objetos citados no texto:

- ◇ Sal insípido é sal que não salga, não conserva, portanto, não presta para nada. Torna-se como areia, e só serve para ser pisado pelas pessoas;
- ◇ Uma luz escondida é igual a uma lâmpada apagada. O cristão não pode ficar agindo às escondidas. Seu testemunho deve ser forte e claro. Sua atuação deve ser evidente como uma edificação no alto de um monte. Todos devem ver a luz emitida por aquele que deseja seguir Jesus;

- Toda e qualquer ação do cristão deve ser exclusivamente para que a glória do Senhor seja vista;
- Candeia é uma lamparina, um tipo de lampião ou de lâmpada a óleo. No tempo de Jesus, ela era feita de madeira;
- Alqueire é uma medida de peso para secos (cerca de 8,5 litros), e o vasilhame de barro que servia para medir cereais também era chamado alqueire, assim como chamamos litro a garrafa que usamos para conter um litro de líquido, que é uma unidade de medida;
- Velador é o local onde normalmente se colocava a lamparina. Possivelmente, era de pedra, ficando no alto da parede para poder iluminar todo o cômodo. Só se colocava o alqueire sobre a candeia quando se queria impedir que a luz brilhasse, apagando-a.

4. Jesus e a lei – Mateus 5.17-20

17 Não cuideis que vim destruir a lei ou os profetas; não vim abrogar, mas cumprir.
18 Porque em verdade vos digo que, até que o céu e a terra passem, nem um jota ou um til se omitirá da lei, sem que tudo seja cumprido.
19 Qualquer, pois, que violar um destes mandamentos, por menor que seja, e assim ensinar aos homens, será chamado o menor no reino dos céus; aquele, porém, que os cumprir e ensinar será chamado grande no reino dos céus.
20 Porque vos digo que, se a vossa justiça não exceder a dos escribas e fariseus, de modo nenhum entrareis no reino dos céus.

O Messias, Jesus de Nazaré, não veio para destruir a lei ou as profecias, isto é, não veio para fazer com que o Antigo Testamento fosse abolido. Cristo veio para cumprir tudo o que está disposto no livro da lei, representado por Moisés e em todas as profecias de todos os tempos. Jesus era o único que poderia cumprir as exigências da lei e o único a executar o plano de Deus de salvação do homem, posto que ele é o Prometido, Cristo Jesus.

Nesta passagem, Jesus está falando aos seus discípulos, e não podemos perder de vista esta realidade. Os ensinos de Jesus só são interessantes para quem quer segui-lo como Mestre. O Rabi Jesus ensina e pratica a lei, exigindo de seus seguidores que procedam da mesma forma. Os discípulos não podem violar nenhum dos mandamentos, por mais simples que possa parecer, pois cada mandamento é a expressão da vontade de Deus para o seu povo.

Os mestres e doutores da lei, escribas e fariseus, considerados por Jesus como hipócritas, serpentes, raça de víboras, guias cegos e falsos mestres (Mt 23), eram assim devido ao legalismo e a imposição de cargas impossíveis de serem praticadas apenas para cumprir um ato religioso, e não como um culto a Deus. Os fariseus praticavam a lei sem a visão do amor; era a prática da letra da lei, e não do espírito.

Jesus diz que não veio revogar, abolir ou destruir a lei e, sim, cumpri-la. O cumprimento da lei, no entanto, não é algo mecânico ou apenas um ato sem envolvimento. Jesus veio para dar o verdadeiro sentido à lei, que é a perfeição completa no seu propósito original.

O Sermão do Monte nos faz sentir e entender a Lei de Deus, seus mandamentos, suas ordenanças e preceitos como algo que excede ao religioso e atinge seu ápice na comunhão com o Pai Celestial. Não podemos viver sem ultrapassar as exigências que a sociedade nos impõe. Nossos limites vão além daqueles que fariseus e publicanos estabeleceram. O cristão excede em amor e, portanto, ultrapassa os limites da religião. Ele entende e coloca em prática a vontade de Deus.

A lei deixa de ser a imposição dos religiosos e passa a ter o sentido agradável do relacionamento com o Espírito Santo que nos possibilita fazer a vontade do Pai. Em Jesus, ela passa a ter seu sentido e seu significado corretamente compreendidos.

Nenhum detalhe da lei pode ser negligenciado. Ao apresentar os dois pontos de destaque, o "i" e o "til", isto é, a menor letra do alfabeto hebraico e o traço de união entre as letras ou o traço que modifica uma letra parecida com outra – como no caso de nossas letras "C" e "G", cujo traço distingue tão bem uma da outra – Jesus o faz para nos mostrar que tudo é de suma importância quando se trata da vontade de Deus para a nossa vida.

Para compreender melhor alguns termos e identificar certos objetos citados no texto, veja as observações acrescentadas a seguir:

- A menção a "i" e "til" (em outras versões, "jota") refere-se às menores letras do alfabeto hebraico, podendo ser traduzido, como nas traduções contemporâneas da Bíblia, por "a menor letra e qualquer acento";

- "Revogar", "ab-rogar", "destruir", "pôr de lado" ou "abolir" são termos usados em diversas traduções para dizer o que Jesus não veio fazer com a lei. Significa que Jesus não veio acabar com a lei, mas cumpri-la;

- Fariseu era o participante de uma das seitas judaicas. Era um religioso essencialmente legalista;

- Escribas eram os que tinham a incumbência de copiar os livros da lei;

- Publicanos eram os cobradores de impostos subordinados aos romanos. Muitos deles eram corruptos.

5. Os discípulos e a lei – Mateus 5.21-26

21 Ouvistes que foi dito aos antigos: Não matarás; mas qualquer que matar será réu de juízo.
22 Eu, porém, vos digo que qualquer que, sem motivo, se encolerizar contra seu irmão, será réu de juízo; e qualquer que disser a seu irmão: Raca, será réu diante do sinédrio; e qualquer que lhe disser: Louco, será réu do fogo do inferno.
23 Portanto, se trouxeres a tua oferta ao altar, e aí te lembrares de que teu irmão tem alguma coisa contra ti,
24 Deixa ali diante do altar a tua oferta, e vai reconciliar-te primeiro com teu irmão e, depois, vem e apresenta a tua oferta.
25 Concilia-te depressa com o teu adversário, enquanto estás no caminho com ele; para que não aconteça que o adversário te entregue ao juiz, e o juiz te entregue ao oficial, e te encerrem na prisão.
26 Em verdade te digo que de maneira nenhuma sairás dali enquanto não pagares o último ceitil.

"Ouvistes o que foi dito". Esta declaração carrega em si a ideia de que a tradição oral era a que prevalecia. Em primeiro lugar, porque não havia Bíblias em número suficiente; segundo, porque a maioria absoluta do povo não sabia ler, portanto, pouco adiantaria se houvesse livros escritos em grande número. Conhecia-se a lei, os profetas e os escritos, principalmente, por se ouvir o relato quando lido nas sinagogas ou contados ao povo na tradição familiar, quando pais ensinavam a seus filhos sobre os feitos do povo de Deus e ministravam a Palavra.

Devemos levar em conta que o Evangelho de Mateus foi escrito na década de 50 do primeiro século e que a igreja de Cristo já estava em pleno florescimento, seguindo o ensino oral de Jesus, transmitido pelos apóstolos. A partir dali era necessário apresentar por escrito a Lei de Deus para as novas gerações de discípulos de Jesus Cristo, aqueles que viriam a formar o povo de Deus como um novo Israel: a igreja cristã.

Os discípulos de Jesus devem ter uma nova visão da lei e serem capazes de fazer o que a lei determina, indo muito além. O que foi dito aos antigos deve ter agora um novo sentido. Jesus determina que o cristão tenha o sabor do sal e o brilho da luz.

"Não matarás". A declaração do sexto mandamento (Ex 20.13) já era conhecida desde Gênesis (Gn 9.5,6). A vida é um atributo de Deus; ele é o Senhor da vida, por isso, não é permitido ao homem tirar a vida do seu semelhante. A vingança não pode ser acalentada no coração da pessoa que deseja obedecer a Deus.

Se, no passado, o crime de morte era levado a julgamento com severidade, para Jesus, o fato de alguém ficar com raiva de outro já se torna o bastante para ser julgado. O julgamento se dará não apenas quando o crime for de sangue, mas será considerado crime qualquer ofensa de ordem moral, qualquer palavra humilhante e aviltante. O agressor deve ser levado ao Sinédrio.

Quando se ofende um irmão, proferindo contra ele um insulto de qualquer natureza, desonrando ou ultrajando sua pessoa, seu nome e sua honra, o ofensor deve ser levado a julgamento ainda mais severo, a ponto de ser lançado no Vale de Hinon (Geena), que é o mesmo que ser atirado no fogo do inferno.

Jesus está, sobretudo, ensinando o perdão e a reconciliação. O objetivo do Mestre é levar seus discípulos a viver uma vida de harmonia e de paz uns com os outros. O Senhor demonstra que é indispensável o pedido de perdão no momento em que a pessoa toma consciência de seu erro ou pecado.

Somos levados a compreender que o ato litúrgico do culto, por si só, não agrada a Deus se não houver um espírito de humildade e de conciliação, além da constante realização da vontade do Pai. Deixar a oferta no altar é uma forma de dizer que, imediatamente percebida a falta, é imprescindível buscar o perdão para que a oferta seja aceita. A conciliação com os adversários é atitude de sabedoria e plena consciência da limitação de todos nós. É necessário dar o melhor do nosso empenho para atingir o ponto de agradar a Deus. Ofertas sem humildade não são aceitas.

Jesus está constantemente ensinando o seu novo mandamento, que é o amor. Amar o próximo como a si mesmo é o lema de todos os discursos do Nazareno. Ele ensina que seus seguidores devem sempre amar as outras pessoas. Por isso, quem se ira contra seu irmão comete pecado. No amor não há lugar para a ira.

Para compreender melhor alguns termos e identificar certos objetos citados no texto, veja as observações aqui acrescentadas:

"Raca" significa "imprestável", "vil", "miserável", "insensato", "idiota". Era um dos termos mais ofensivos usados contra alguém naquele tempo; Sinédrio é o supremo tribunal judaico que tinha poder de vida e de morte sobre os acusados. "Fogo do inferno" é uma referência ao fogo da Geena, que é o Vale de Hinon, ao sul de Jerusalém, onde, no passado distante, no reino de Acaz e Manassés, consta que os judeus idólatras queimavam os próprios filhos em sacrifício ao ídolo Moloque (2Cr 28.3; 33.6). Mais tarde, tornou-se o aterro sanitário da cidade onde, além do lixo, queimavam-se os corpos de animais e de criminosos. O fogo não se apagava e, por isso, tomou-se sinônimo de inferno. Ceitil (quadrans) é o nome da moeda de menor valor no dinheiro dos romanos. Poderíamos traduzir por "um centavo".

6. A cobiça e o adultério – Mateus 5.27-30

27 Ouvistes que foi dito aos antigos: Não cometerás adultério.

28 Eu, porém, vos digo, que qualquer que atentar numa mulher para a cobiçar, já em seu coração cometeu adultério com ela.

29 Portanto, se o teu olho direito te escandalizar, arranca-o e atira-o para longe de ti; pois te é melhor que se perca um dos teus membros do que seja todo o teu corpo lançado no inferno.

30 E, se a tua mão direita te escandalizar, corta-a e atira-a para longe de ti, porque te é melhor que se perca um dos teus membros do que seja todo o teu corpo lançado no inferno.

Adultério é um ato grave, pois faz quebrar os laços de união conjugal, como encontramos em Gênesis 2.24, onde é dito que os dois cônjuges se tornam uma só carne, ou uma só pessoa. A intrusão de uma terceira pessoa no casal faz da união uma mistura promíscua e, portanto, adúltera, inaceitável e abominável.

O adultério sempre foi considerado como uma profanação, uma imoralidade e falta de decoro. Jesus vai mostrar a seus discípulos que o pecado está não apenas no ato de união ilícita, mas, também, vai além, posto que basta desejá-lo no coração para que se torne um ato pecaminoso. A cobiça é o desejo de possuir o que não nos pertence, algo a que não temos direito. No caso de união sexual, torna-se, mesmo que só no âmbito do desejo, pecado de adultério. Ainda que o ato propriamente dito não seja consumado, se o desejo existe, já fica caracterizado o pecado.

O desejo de adulterar, mesmo que esteja escondido no fundo do coração, indica que o pecado do adultério já aconteceu. Lei dura, implacável e severa, mas que aponta para a intenção de Deus de manter seu povo puro da imoralidade, da lascívia e da concupiscência.

Aqui também acrescentamos observações para ajudar os leitores a compreender melhor alguns termos e identificar certos objetos citados no texto:

- Adultério é o ato sexual ilícito;
- Biblicamente, "escandalizar" significa "fazer tropeçar", "fazer com que peque";
- Ao falar em "arrancar" um dos membros, Jesus não está pregando a automutilação nem declarando que esta é a solução para o pecado. O que ele deseja mostrar é que deve haver uma mudança do coração, uma renúncia dos atos licenciosos, mesmo que isso seja tão doloroso quanto perder um olho ou a mão.

7. O divórcio – Mateus 5.31,32

Jesus considera muito importantes os relacionamentos em que uma pessoa se envolve e o nível de engajamento. Ele tira da experiência do dia a dia exemplos para seus discípulos, convocando todos a uma vida de cumprimento dos votos assumidos e de boa relação com as pessoas sem que seja necessário usar a força da lei.

> *31 Também foi dito: Qualquer que deixar sua mulher, dê-lhe carta de desquite..*
> *32 Eu, porém, vos digo que qualquer que repudiar sua mulher, a não ser por causa de prostituição,, faz que ela cometa adultério, e qualquer que casar com a repudiada comete adultério.*

O divórcio é uma descoberta do ser humano para abrandar o jugo do casamento. Para Deus, o casamento é para sempre, é uma união indissolúvel, não havendo possibilidade de separação. O que Deus uniu não deve ser separado pelo homem. Mas, devido à dureza do coração das pessoas, Moisés permitiu que houvesse a possibilidade de se dar carta de divórcio.

No entanto, em virtude de não se ter a clareza da vontade divina na vida das pessoas que se casam, a união nem sempre se realiza segundo o plano de Deus, e seu fim é, quase sempre, o divórcio ou uma vida conjugal infeliz. Assim sendo, por causa da dureza do coração humano, o divórcio se tornou, desde os tempos anteriores a Moisés, um mal necessário. Jesus, conhecendo perfeitamente o coração e a mente da humanidade, não ordena nem encoraja o divórcio, mas o permite em uma condição extrema.

Na realidade, um casamento feito fora da vontade de Deus para os noivos já é um grande erro que, mesmo tendo o amparo legal, não é uma união segundo a ordem e a bênção do Senhor. Portanto, desde o início, está fadado ao fracasso.

Houve sempre uma tendência da lei em favorecer o homem, dando-lhe mais direitos do que para as mulheres. Jesus coloca um termo nessa forma hipócrita de ver a lei, favorecendo um e prejudicando o outro. Ele mostra que, se o homem tomar a iniciativa de despedir sua mulher, repudiando-a, tomará sobre si todo o dever de sustentá-la, posto que a mulher, não tendo renda para se manter, como era na sociedade patriarcal dos tempos bíblicos, iria irremediavelmente para a prostituição ou morreria de fome.

Aqui, mais algumas observações para compreender melhor certos termos e identificar objetos citados no texto:

- ◊ "Repudiar" significa "mandar embora", "rejeitar", mas também "não a tratar como esposa e como mulher";
- ◊ "Infidelidade", nesse contexto, significa, normalmente, "cometer adultério", mas pode, também, ser atribuída a um dos cônjuges que negligenciar seus deveres domésticos e seus engajamentos matrimoniais.

8. A palavra e o juramento – Mateus 5.33-37

> *33 Outrossim, ouvistes que foi dito aos antigos: Não perjurarás, mas cumprirás os teus juramentos ao Senhor.*
> *34 Eu, porém, vos digo que de maneira nenhuma jureis; nem pelo céu, porque é o trono de Deus;*
> *35 nem pela terra, porque é o escabelo de seus pés; nem por Jerusalém, porque é a cidade do grande Rei;*
> *36 Nem jurarás pela tua cabeça, porque não podes tornar um só cabelo branco ou preto.*
> *37 Seja, porém, o vosso falar: Sim, sim; Não, não; porque o que passa disto é de procedência maligna.*

Há pessoas que vivem jurando por qualquer coisa ou pessoa: por tudo quanto é santo, pelos pais, pelos filhos, pela luz que ilumina, por tudo o que é mais sagrado, pelo futuro, pelo passado e até mesmo por Deus. Há ainda aqueles casos em que tudo o que a pessoa conta ou diz precisa da afirmação dos outros. É aquela que vive perguntando: "Não é verdade?"; ou dizendo: "Pode confiar"; "Pergunte para fulano".

Estas atitudes e costumes não são dignos de alguém que obedece a Deus. Quem crê em Jesus precisa se lembrar dos ensinos do Mestre e viver segundo os princípios dele. Jurar não é para um cristão. Jesus deseja que todos nós, homens e mulheres, que nele cremos tenhamos palavra, ou seja, que sejamos confiáveis. Não precisamos dos outros para confirmar a veracidade do nosso "sim" nem do nosso "não". Não precisamos nem devemos jurar, pois nossas palavras devem ser inspiradas pelo Espírito

Santo. É ele quem deve colocar em nossa boca aquilo que devemos dizer.

Um dos maiores problemas éticos é a falta de fidelidade na palavra empenhada. Jesus ensinou seus discípulos a serem cumpridores da palavra dada. Os seguidores de Jesus não podem viver como o mundo vive, enganando, mentindo e procurando desculpas para a falta de caráter e de palavra.

Jesus sabia que no coração humano havia engano. Quantas vezes as pessoas estão dizendo "sim" quando querem dizer "não"? Ou vice-versa? É muito comum elas se valerem de mentiras, falácias e engodos para não assumirem o erro, o engano ou o esquecimento. É comum inventar motivos como desculpas para o atraso em um encontro ou uma reunião, como colocar a culpa no trânsito, alegar um pneu furado, dizer que o despertador não tocou ou que teve de resolver uma emergência familiar, dentre tantos outros.

Tornaram-se motivo de chacota as desculpas esfarrapadas dadas aos chefes pelos empregados que faltam ao serviço: "minha tia morreu"; "minha avó caiu e quebrou a perna"; "o ônibus atrasou." Quantas e quantas vezes inventam-se as desculpas mais inverossímeis possíveis simplesmente para não assumir a responsabilidade da irresponsabilidade nos horários e compromissos assumidos.

Há uma pessoa na minha família cuja empregada quase toda segunda-feira faltava ao serviço, voltando só no dia seguinte, ou mesmo dias depois, contando as mais deslavadas mentiras. Quando havia feriados prolongados, aí mesmo era certo que alguém da família dessa ajudante ia "morrer".

Na simplicidade do ensino do homem da Galileia vemos o respeito pela palavra empenhada. Para Jesus, o "sim" significa mesmo "sim", assim como o "não" é "não", sem sombra de equívoco ou dúvida. Sem confusão e sem ilusão. O homem sério não precisa jurar, e o juramento do homem desonesto não tem valor algum.

Uma pessoa que se apresenta como cristã deve ser séria em seus compromissos. A palavra empenhada é uma garantia que hipoteca o maior bem que o homem ou a mulher tem, que é a sua idoneidade e dignidade. Jesus acrescenta a tudo isso uma frase que precisa ser considerada, pois ele diz: "O que passa daí vem do Maligno".

A seguir, veja o significado de alguns termos e objetos citados no texto:

- Jurar – O juramento é necessário para o homem não regenerado, pois a palavra de uma pessoa sem Cristo, sem o perdão e a regeneração do Espírito Santo, não é suficientemente crível. Mas quem tem Jesus também tem a Palavra de Deus em si. Jurar é usar como testemunha e, de certa forma, usar como garantia uma pessoa ou coisa sagrada;
- Trono – A ideia do lugar onde Deus está solenemente sentado para reinar eternamente;
- Escabelo – Estrado ou lugar para descansar os pés;
- Jerusalém – Significa a cidade de Deus. Então, ao fazer um juramento por Jerusalém, indiretamente se estaria jurando por Deus;
- Maligno – Todo o mal tem a sua origem, dentro ou individualmente, no Diabo. No texto em estudo é uma referência à personalidade da pessoa que emprega o juramento com o objetivo de enganar e tirar proveito próprio de forma enganosa, provocando a desgraça alheia.

9. Mansidão com os inimigos e humildade para com todos – Mateus 5.38-42

> *38 Ouvistes que foi dito:*
> *Olho por olho, e dente por dente.*

Esta é a expressão da Lei de Talião, antiga regra que pode até parecer injusta e cruel, mas cujo significado é o de não se permitir que uma pena maior que o crime fosse imposta ao criminoso. Também moderava o instinto de vingança, que cega o agredido e o faz um agressor maior que o primeiro. A intenção da lei era fazer uma justiça justa e de acordo com a gravidade do crime.

Ninguém poderia agir como agiu Lameque (Gn 4.23), que se gabou de ter matado um homem que o feriu e uma criança que o machucou. A lei tem o dever de preservar direitos, exigir reparação e garantir justiça.

A mansidão do homem de Nazaré chega ao extremo da impassividade diante da violência e da agressão. A não resistência ao homem mau e o oferecimento da outra face não é inércia e, sim, uma ação voluntária, premeditada e fundamentada numa filosofia de vida, numa determinação interior que leva ao amor puro e verdadeiro. Amar o próximo.

> *39 Eu, porém, vos digo que não resistais ao mal;*
> *mas, a qualquer te bater na face direita, oferece-lhe*
> *também a outra;*

Ser esbofeteado hoje, como nos tempos de Jesus, significa uma ofensa e uma desfeita enorme. A injúria de palavras pode ser muito forte, mas o insulto moral do tapa com as costas da mão é imperdoável pelos homens de honra e de bem que ainda não adquiriram a nova natureza em Cristo.

Mas a honra do discípulo está no fato de seguir o Mestre, e não nas honrarias e desfeitas dos homens. Um cristão verdadeiro não deve procurar a vingança e, sim, colocar em prática o ensino dado aos mansos nas bem-aventuranças.

> *40 E, ao que quiser pleitear contigo, e tirar-te a túnica, larga-lhe também a capa;*

Este versículo 40 traz à mente o que foi dito em Êxodo 22.26,27, onde vemos o ensino sobre o penhor. Quando alguém toma a capa de outra pessoa, como penhor de uma dívida, deve devolver a capa a ela antes do anoitecer, pois a capa serve como cobertor. A roupa normal de uso constante era a túnica. Certamente, todos têm mais de uma túnica, mas a capa custa muito caro, e a pessoa pobre só tinha uma. Por isso, era necessário devolver antes do anoitecer para que se cobrisse com ela. Ninguém queria ficar com frio, mas Jesus diz aos seus discípulos que devem entregar de bom grado a capa quando lhe é cobrada a túnica.

Isso tudo se refere ao processo jurídico que, muitas vezes, os discípulos são tentados a exercer contra outras pessoas para se defender ou ainda para fazer prevalecer seus direitos que, no contexto bíblico, deve ser evitado.

> *41 E,, se qualquer te obrigar a caminhar uma milha, vai com ele duas.*

Neste versículo, Jesus está mostrando aos seus seguidores que não devem ter apego às coisas materiais, e que devem assumir uma atitude pacífica diante do uso da força. No seu tempo, a ação dos soldados romanos era enérgica e prepotente. Os judeus eram obrigados a caminhar carregando cargas pesadas ou servindo de guias. Segundo o ensino de Jesus, essa obrigação deve ser tomada como um ato voluntário do discípulo, indo mesmo além do que lhe estava sendo solicitado – não por ter sido obrigado a fazer, mas para demonstrar amor.

> *42 Dá a quem te pedir, e não te desvies daquele que quiser que lhe emprestes.*

Dar a quem pede é sempre um problema de ordem social, mas, também, envolve as questões morais. Não é fácil atender a todos quantos nos pedem esmolas nas calçadas e nos cruzamentos das ruas, os que tocam a campainha das casas. Em muitos sinais de trânsito costumamos ver crianças e adultos pedindo ajuda. Pessoas deficientes físicas, doentes e com crianças no colo estão constantemente solicitando dinheiro, roupas ou alimentos. Hoje, a situação é caótica, principalmente nas grandes cidades, resultado de políticas que perpetuam o abismo social.

Teria sido diferente nos tempos de Jesus? Pelo relato bíblico, basta ver como o Mestre nos fala de pobres, mendigos, pedintes, moradores de rua e de cemitérios que fica fácil comparar e concluir que a situação era bem parecida. Vemos o quadro dos cegos e dos leprosos que viviam da solidariedade e da piedade das pessoas que passavam por eles.

Sabemos também que hoje, nas grandes cidades (e mesmo nas pequenas), há uma organização criminosa atrás da fome, da seca e da miséria. Sabemos que existem os preguiçosos que não querem trabalhar, os adultos que exploram os adolescentes e as crianças. Há uma verdadeira indústria da miséria, orquestrada por pessoas gananciosas e perversas, mas sabemos também que o Senhor determinou que seus discípulos sejam misericordiosos e prontos para ajudar a quem pedir. Jesus mesmo não veio para ser servido, mas para servir (Mt 20.28). Pode parecer difícil entender, mas Jesus está nos dizendo: "Dê mesmo que isso não seja razoável, pois o amor nada tem a ver com a razão. Empreste mesmo que você saiba que não será ressarcido".

Para compreender melhor alguns termos e identificar certos objetos citados no texto, acrescentamos:

- ⋄ Homem mau, também traduzido por "perverso", carrega a ideia de qualquer pessoa que pratica o mal, mas, também, as circunstâncias da maldade no mundo. Litígios, conflitos e também o Diabo, que é o pai da maldade;

- ⋄ Pleitear é processar na justiça uma causa;

- ⋄ Túnica é uma roupa larga e comprida, usada normalmente pelos orientais. A veste indo até os pés era chamada túnica talar;

- ⋄ Capa era uma espécie de manto usado nos dias de frio ou à noite, para se cobrir como um cobertor.

10. Amor e ódio – A missão do cristão em busca da perfeição – Mateus 5.43-48

> 43 Ouvistes que foi dito: Amarás ao teu próximo, e odiarás o teu inimigo.
> 44 Eu, porém, vos digo: Amai a vossos inimigos, bendizei os que vos maldizem, fazei bem aos que vos odeiam, e orai pelos que vos maltratam e vos perseguem; para que sejais filhos do vosso Pai que está nos céus;

Jesus demonstra que os sentimentos – amor e ódio – sempre foram motivo de preocupação por parte dos antigos, isto é, desde os primórdios da civilização hebreia. O ensino dos antigos era que os inimigos deveriam ser banidos da terra, exterminados do meio do povo e rejeitados em qualquer tipo de aliança, não sendo permitido sequer o casamento com membros de povos diferentes. No entanto, ódio contra os inimigos é mais uma reação por parte do ser humano do que, de fato, uma determinação da lei. Eram as autoridades religiosas que incutiam no povo o ódio contra as pessoas que não faziam parte da comunidade.

O ensino bíblico é que Deus é amor. Ele deseja que seu povo aja de acordo com isso. Ainda não descobrimos a intensidade do amor divino nem mesmo dentro das igrejas, menos ainda do amor universal que nos é exigido pelo Pai.

A expressão "amai os vossos inimigos" significa acolher, entreter, receber, agradar e contentar os inimigos. Aí está algo que deveríamos procurar fazer. Que tal agradar os nossos inimigos? É, no mínimo, desafiador.

O povo de Israel deveria ser separado de qualquer tipo de mistura, permanecendo puro para oferecer o melhor de si para Deus. No entanto, o que o povo de Judá nunca entendeu é que Deus lhe deu uma missão que deveria ser cumprida com amor, dedicação e empenho. A separação dos outros povos não era para discriminar outras pessoas, mas para preservar uma só identidade de uma raça espiritual, sem miscigenação.

A missão de Israel era levar a mensagem de esperança ao mundo inteiro. Era para fazer conhecido o nome do Todo-poderoso, Deus Jeová, o Senhor dos Exércitos que, devido ao seu imenso amor, havia prometido um Redentor que viria para ser o Salvador de todas as nações.

A missão do povo de Deus era fazer conhecido o seu grande amor entre todas as nações do mundo: "Cantai ao Senhor em toda a terra; anunciai de dia em dia a sua salvação. Contai entre as nações a sua glória, entre todos os povos as suas maravilhas [...] Tributai ao Senhor, ó famílias das nações, tributai ao Senhor glória e força. Tributai ao Senhor a glória devida ao seu nome; trazei presentes, e vinde perante ele; adorai ao Senhor vestidos de trajes santos" (1Cr 16.23,24; 28,29).

Amar os inimigos é mostrar a eles o caminho da salvação. É interceder por eles para que venham a se converter, a ter uma nova vida e um novo coração, desenvolvendo sentimentos que valorizam e demonstram o amor recebido de Deus.

Amar os inimigos é proporcionar a eles a visão do Redentor Jesus Cristo. É levar a mensagem de regeneração que Deus oferece. É fazer ouvida a melodia do amor de Deus: "Cantai ao Senhor em toda a terra".

Amar os inimigos é contar a eles o que Cristo fez por nós, fazendo com que eles também tenham a oportunidade de dar glória ao nome excelso de Deus e de entregar como presente a vida, podendo, assim, viver em adoração a Deus na beleza da sua santidade. "Contai entre as nações a sua glória, entre todos os povos as suas maravilhas".

Uma das mais extraordinárias formas de cantar ao Senhor em toda a terra e de contar entre as nações e os povos as suas maravilhas é, sem sombra de dúvida, falar de Cristo. Essa é a missão do povo de Deus, da igreja de Cristo hoje na face da terra. Amar os inimigos é pregar o evangelho da redenção a todos. Nem sempre conseguimos viver sem inimigos e sem pessoas que nos perseguem, nos criticam, nos aborrecem ou nos odeiam, mas sempre poderemos interceder por elas, orando a Deus para que modifiquem seus propósitos e faça a reconciliação entre nós e elas. A oração é a grande arma da paz.

45 Porque faz que o seu sol se levante sobre maus e bons e a chuva desça sobre justos e injustos.

Primeiro, Deus nos quer como seus filhos, e isso só é possível por intermédio de Jesus. Ao nos tornar filhos de Deus, por adoção, ele quer que estejamos em harmonia com todos os membros da família. Portanto, não pode haver inimizades entre nós. Por outro lado, o ódio e a inimizade são pecados que, enquanto permanecerem em nosso coração, nos impedem de ter comunhão com Deus, pois o pecado nos separa de Deus.

Ao amar os nossos inimigos, temos a possibilidade de viver uma vida que agrade a Deus. Desta maneira, podemos ter comunhão com ele e, assim, ser considerados seus filhos por intermédio de Jesus. Só nos tornaremos filhos quando estivermos arrependidos de nossos pecados e unidos a Cristo pelo seu sangue, derramado na cruz, que nos lava dos pecados.

Segundo, o sol nasce sobre bons e maus, e a chuva cai sobre justos e injustos. A verdade que Jesus ensina aqui é que, na sua infinita misericórdia, Deus dá os elementos vitais a todos os homens em todos os tempos, quer creiam nele, quer não. Deus ama os seres humanos, criados à sua imagem e semelhança, por isso, ele dá o que as pessoas necessitam de mais precioso para viver. Deus proporciona a todos a possibilidade de regeneração. Em João 3.16 vemos a síntese do amor de Deus pela humanidade: "Porque Deus amou o mundo de tal maneira que deu o seu Filho unigênito, para que todo aquele que nele crê não pereça, mas tenha a vida eterna".

46 Pois, se amardes os que vos amam, que galardão tereis? Não fazem os publicanos também o mesmo? 47 E, se saudardes unicamente os vossos irmãos, que fazeis de mais? Não fazem os publicanos também assim?

É comum ver gestos de grandeza dos homens maus. O mafioso ama os membros de sua família de tal maneira que é capaz de fazer sacrifícios imensos por ela. Vemos os traficantes de drogas demonstrando ternura com os filhos, mas, ao mesmo tempo, estão envenenando milhões de seres humanos. Os assassinos são dóceis com seus amados. Jesus, então, nos pergunta: "Se vocês amam somente aqueles que os amam, por que esperam que Deus lhes dê alguma recompensa?" Todo mundo faz isso. "Se vocês falam somente com seus amigos, o que estão fazendo de extraordinário?" Ou ainda: "Se vocês cumprimentam só os amigos, o que fazem de diferente em relação aos outros?"

A saudação usual entre os judeus, tanto nos tempos bíblicos como ainda hoje, é "shalom", que significa "paz seja com você". Esta declaração é, de certa forma, uma oração, um desejo de bênção sobre as pessoas, assim como quando dizemos "bom-dia", estamos desejando que a pessoa tenha um dia agradável e feliz, mesmo que, na maioria das vezes, esse cumprimento tenha se tornado só uma expressão sem sentimento.

No entanto, Jesus quer que sejamos portadores de bênçãos aos outros. Portanto, deveríamos sempre desejar que todos aqueles que cruzassem o nosso caminho tivessem um dia agradável, feliz e cheio das bênçãos e da comunhão com o Senhor, o que seria verdadeiramente um "bom dia". Dos discípulos é exigido muito mais.

> *48 Sede vós pois perfeitos, como é perfeito o vosso Pai que está nos céus.*

O homem da Galileia, Jesus de Nazaré, nosso Senhor e Salvador Jesus Cristo, exige de nós a perfeição. "Sede vós perfeitos". Aqui Jesus coloca uma imposição inatingível pelas forças e condições humanas: a perfeição. Mas, ele vai além e diz: "Sede vós perfeitos como perfeito é o vosso Pai celeste".

Se a perfeição, por si, já nos é impossível, o que dizer da perfeição divina? Em comparação a Deus, é impossível para nós atingir qualquer estágio de sua perfeição. Sendo assim, a conclusão seria a de que nunca cumpriremos a exigência do Mestre. Mas Jesus nos mostra que ele e o Pai são um. Desta forma, se estivermos nele, estaremos no Pai. Estando no Pai, como o Pai é perfeito, encontraremos a perfeição (Jo 14; 15).

O Espírito Santo nos leva à perfeição.

> Não que já a tenha alcançado, ou que seja perfeito; mas prossigo para alcançar aquilo para o que fui também preso por Cristo Jesus. Irmãos, quanto a mim, não julgo que o haja alcançado; mas uma

coisa faço, e é que, esquecendo-me das coisas que atrás ficam, e avançando para as que estão diante de mim, prossigo para o alvo, pelo prêmio da soberana vocação de Deus em Cristo Jesus. Pelo que todos quantos já somos perfeitos sintamos isto mesmo [...] (Fp 3.12-15).

Somos de Cristo, portanto, sabemos que fomos transformados pelo Espírito Santo que habita em nós e prosseguimos no processo da santificação. Mesmo que ainda estejamos longe da perfeição, sabemos que em Cristo já a alcançamos.

A seguir, veja a definição de certos termos que podem auxiliar na compreensão da leitura deste capítulo:

- Orar/Bendizer – Orar pelos inimigos e abençoar os que nos amaldiçoam é a atitude do amor perfeito de Deus em nós;
- Recompensa/galardão – Pode significar salário, prêmio;
- Publicano – Um funcionário público, mais especificamente o coletor ou cobrador de impostos. O Talmude (literatura e jurisprudência da Lei Mosaica) considera os publicanos como salteadores, assassinos e desonestos. Um escritor judeu escreveu: "Entre as feras bravas, quais são as mais cruéis? Os ursos, os leões das montanhas, os publicanos e os caluniadores das cidades";
- Gentios/pagãos – As traduções trazem indiscriminadamente os dois termos, mas é bom lembrar que gentio é o não judeu e o pagão é o não batizado ou não cristão. Algumas traduções trazem publicanos no lugar de gentios.

três
Mateus, capítulo 6

Os desafios à felicidade

1. A ostentação da vida religiosa – Boas obras, esmolas, justiça – Mateus 6.1-4

> *1 GUARDAI-VOS de fazer a vossa esmola diante dos homens, para serdes vistos por eles; aliás, não tereis galardão junto de vosso Pai, que está nos céus.*
> *2 Quando, pois, deres esmola, não faças tocar trombeta diante de ti, como fazem os hipócritas nas sinagogas e nas ruas, para serem glorificados pelos homens. Em verdade vos digo que já receberam o seu galardão.*
> *3 Mas, quando tu deres esmola, não saiba a tua mão esquerda o que faz a direita;*
> *4 Para que a tua esmola fique em secreto; e teu Pai, que vê em secreto, ele mesmo te recompensará publicamente.*

Jesus passou a dar um novo sentido à vida dos judeus quando iniciou o seu ministério público. Ele veio para reformular os conceitos e renovar a alma da religião de Israel. Os rabinos tinham levado o povo a viver uma vida de aparência religiosa, de ostentação das coisas sagradas, e o mais importante era ser notado pelos outros para manter a fama de pessoa religiosa e temente a Deus.

Todos queriam viver sendo observados na vida pública religiosa e poucos tinham a pureza de coração na prática da religião. Havia uma certa hipocrisia generalizada. O termo "hipócrita" não se refere apenas aos homens cujos atos não correspondem a seus pensamentos, como seu significado grego, que é "ator" e, sim, àquele que, alegando ter um relacionamento com Deus, está, na verdade, apenas buscando o próprio interesse de uma forma egoísta, chegando até a se enganar.

O versículo 1 do capítulo 6 tem sido traduzido diferentemente, mas tendo o mesmo sentido:

- "Guardai-vos de fazer esmolas diante dos homens." (RC)
- "Guardai-vos de exercer a vossa justiça diante dos homens." (RA)
- "Guardai-vos de fazer vossas boas obras diante dos homens." (Ave Maria)
- "Tenham o cuidado de não praticar suas obras de justiça diante dos homens." (NVI)
- "Tenham cuidado de não praticarem seus deveres religiosos em público." (BLH)
- "Gardez-vous de pratiquer votre religion devant les hommes." (TOB)
- "Guardai-vos de fazer as nossas boas obras diante dos homens." (IBB)

A ideia central é a de não se praticar nenhum ato de justiça com o objetivo de ser visto, ser notado e apreciado por todos. Jesus está condenando todo e qualquer ato que envolva a notoriedade, posto que tudo o que fazemos e dizemos deve ter o peso de estar sendo feito para agradar exclusivamente a Deus.

As traduções diversas da palavra que Jesus empregou para o ato de dar ajuda a alguém, seja em dinheiro ou qualquer forma (esmola, justiça, obras de justiça, prática da religião ou de atos religiosos), demonstram a abrangência e a profundidade do ensino do Mestre, que nos mostra que todas as nossas ações fazem parte ativa da nossa vida religiosa.

O ato de dar esmola é um gesto de justiça prática, isto é, quem nada tem deve receber algo, mesmo que seja pouco, de muitos que têm para que, com o pouco de cada um, possa matar a fome, agasalhar-se e sobreviver. Isso tanto é ato religioso quanto prática da religião e ato de justiça.

As três práticas judaicas fundamentais para o exercício da fidelidade religiosa eram a esmola (Mt 6.2-4), a oração (Mt 6.5,6) e o jejum (Mt 6.16-18). A ideia central era de que dar esmolas fazia o homem justo diante de Deus, por isso, Jesus toma esse exemplo, demonstrando que, se há justiça diante de Deus, as outras pessoas não devem tomar conhecimento do que se está fazendo. Agradar a Deus para ser visto pelos outros torna-se uma afronta ao Pai, que deixará de retribuir qualquer recompensa.

Portanto, quando a esmola é feita, isto é, quando qualquer ato religioso for praticado, não deve haver uma atitude de propaganda, demonstração ou outra evidência de glória pessoal.

Há quem diga que havia em Jerusalém e nos grandes centros da época o costume, por parte dos ricos, de fazer tocar trombetas para anunciar aos miseráveis que haveria uma distribuição de esmolas. Por outra parte, há quem sustente que eram os pobres que viviam tocando uma trombeta, anunciando aos passantes que estavam ali para receber esmolas.

Os hipócritas, isto é, os fariseus, tinham o costume de alardear de tal forma suas obras que faziam todos saberem que tinham praticado um ato de justiça. Não há suficientes provas que houvesse costume de se tocar trombetas para dar ou pedir esmolas, como afirmam alguns autores, mas há, sim, o entendimento de que Jesus condenava todo e qualquer ato de ostentação de religiosidade.

Jesus ainda afirma que quem alardeia seus atos já recebeu a recompensa, que é a vanglória, e nada receberá do Pai.

A ênfase do versículo 3 é que, quando você ajudar alguém, deve ser tão discreto que nem mesmo seu amigo mais íntimo saiba o que está acontecendo. O objetivo não é fazer segredo de seus atos, mas é ser sincero para com Deus, pois ele tudo vê, tudo conhece e sabe de suas intenções. Portanto, nada mais é necessário fazer, e ninguém, nem mesmo "sua mão esquerda deve saber o que a sua direita faz como ato de justiça".

A exigência de Jesus é de que seus discípulos sejam verdadeiros e fiéis, tendo atitudes dignas. Por isso, ele, que vinha falando na segunda pessoa do plural, passa para o singular "tu", ou "você", individualizando cada discípulo e chamando cada um à própria responsabilidade.

O julgamento de nossos atos é exercido por Deus. Ele é quem vê, no oculto das nossas intenções, o motivo de nossos atos, e nos dará o galardão pelo que fazemos, pensamos, sentimos e desejamos.

Os fariseus e as autoridades religiosas da época de Jesus tinham feito do culto a Deus e dos atos decorrentes um verdadeiro teatro, uma representação que agradava as multidões que os aplaudiam. A liderança se sentia recompensada e se orgulhava de seus atos. Deus, no entanto, não se agrada dos aplausos das multidões nos atos de culto, por isso, Jesus diz que os que praticam tais coisas já receberam a recompensa, que é o aplauso da multidão, mas não terão o agrado de Deus.

Os discípulos de Jesus não precisam de aplausos, mas devem evitar toda conduta que leve à autoglorificação, buscando uma espiritualidade que vem do Santo Espírito de Deus.

A seguir, um termo que ajuda a entender o capítulo que você acaba de ler:

⋄ Sinagoga – Este termo aparece 57 vezes no Novo Testamento e significa "assembleia". Designava também o edifício onde a assembleia se reunia. Tinha uma grande sala interior e um balcão para as mulheres, que não eram aceitas no seu interior. No tempo de Jesus, havia sinagogas em todas as cidades, e mesmo nas aldeias ou vilarejos. Em Jerusalém havia cerca de 450 delas. Todas foram destruídas pelos romanos em 70 d.C.

2. O modelo de oração – Mateus 6.5-13

> 5 E, quando orardes, não sejais como os hipócritas; pois se comprazem em orar em pé nas sinagogas, e às esquinas das ruas, para serem vistos pelos homens. Em verdade vos digo que já receberam o seu galardão.
> 6 Mas tu, quando orares, entra no teu aposento e, fechando a tua porta, ora a teu Pai que está em secreto; e teu Pai, que vê em secreto, te recompensará.
> 7 E, orando, não useis de vãs repetições, como os gentios, que pensam que por muito falarem serão ouvidos.
> 8 Não vos assemelheis, pois, a eles; porque vosso Pai sabe o que vos é necessário, antes de vós lho pedirdes.
> 9 Portanto, orai vós deste modo: Pai nosso, que estás nos céus, santificado seja o teu nome;
> 10 Venha o teu reino, seja feita a tua vontade, assim na terra como no céu;
> 11 o pão nosso de cada dia nos dá hoje;
> 12 E perdoa-nos as nossas dívidas, assim como nós perdoamos aos nossos devedores;
> 13 E não nos induzas à tentação; mas livra-nos do mal, porque teu é o reino, e o poder, e a glória, para sempre. Amém.

A oração é comunhão com Deus, portanto, é nossa conversa com ele, tornando-se nossa grande e constante alegria. Temos tanto a agradecer a Deus que a oração é sempre um momento de demonstração de gratidão. Como nos diz Paulo: "Regozijai-vos sempre. Orai sem cessar. Em tudo dai graças" (ITs 5.16-18).

Nossa oração não pode ser como a dos hipócritas mencionados por Jesus. Não pode ser uma oração para que os outros ouçam nossas palavras, mas para que nosso Pai celeste se agrade de nós, ouvindo nossa profunda gratidão.

A menção de orar em pé na sinagoga não significa que não se possa orar em pé nas igrejas, mas que nossa atitude de oração não é para ser vista pelos outros, nem nossas palavras ouvidas para que sejamos considerados pessoas muito boas. Quem assim age já recebeu sua recompensa, pois já foi visto pelos homens, mas não terá a aprovação de Deus.

Nós não podemos ver Deus, mas ele nos vê. Quando entramos em lugar fechado e, sozinhos, nos colocamos em comunhão com o Senhor, ele nos vê, nos ouve e nos responde. Nada contra orar nas reuniões de oração nas igrejas, nos cultos e mesmo em lugar público. Mas orar em qualquer lugar, em casa, na igreja, no rádio ou na televisão para ser aplaudido pelas pessoas, reconhecido como uma grande pessoa de oração e alguém que serve ao Senhor e tem o poder de orar, isto é abominação aos olhos de Deus e ele condena quem assim procede.

A hipocrisia de quem ora para ser reconhecido como poderoso é condenada. "Mas tu quando orares não sereis como os hipócritas."

A moda da oração como a dos hipócritas era grande, e continua sendo hoje. Trata-se da repetição de palavras bonitas, muitas vezes, aprendidas por tradição, ou aquelas orações cheias de clichês que hoje muitos gostam de repetir sem saber o significado. A moda de se falar uma língua sem nexo e sem sentido, como uma espécie de mantra, só repetindo um som mecânico, um barulho dos lábios ou sílabas desconexas, está cada vez mais empolgando gente que, sem saber, está agindo igual aos fariseus dos tempos de Jesus.

"Não fiquem repetindo o que vocês já disseram, como fazem os pagãos. Eles pensam que Deus os ouvirá". O uso de palavras sem sentido ou que saem da boca como simples repetições mecânicas, e não do coração, é uma ofensa aos ouvidos de quem ouve e muito mais aos de Deus.

Para sermos mais abençoados quando oramos e, consequentemente, desfrutemos a felicidade verdadeira, precisamos ter estas coisas em mente:

1. Buscar mais a Deus em oração;
2. Estudar mais a Bíblia, a Palavra de Deus;
3. Viver uma vida de mais santidade;
4. Servir melhor a Jesus Cristo;
5. Agradecer mais a Deus por todos os seus benefícios;
6. Solidificar mais os laços de fraternidade;
7. Perdoar mais uns aos outros;
8. Caminhar mais vezes a segunda milha;
9. Testemunhar mais o amor de Deus;
10. Ser mais fiel a Deus, identificando-se com a igreja.

Aqui estão alguns versículos bíblicos que corroboram estes dez itens:

1. "Santificai-vos porque amanhã o Senhor fará maravilhas no meio de vós" (Js 3.5);
2. "Orai sem cessar" (ITs 5.17);
3. "Até agora nada pedistes em meu nome; pedi e recebereis, para que o vosso gozo se cumpra" (Jo 16.24);

4. "A oração feita por um justo pode muito em seus efeitos" (Tg 5.16);

5. "Se vós estiverdes em mim, e as minhas palavras estiverem em vós, pedireis tudo o que quiserdes e vos será feito" (Jo 15.7);

6. "Prepara-te para encontrares com o teu Deus" (Am 4.12b);

7. "Porque eu sou o Senhor vosso Deus, santificai-vos e sede santos, porque eu sou santo" (Lv 11.44);

8. "E esta é a confiança que temos nele, que, se pedirmos alguma coisa segundo a sua vontade, ele nos ouve" (1Jo 5.14).

As bênçãos e a sensação de felicidade decorrentes de uma vida de oração estão previstas num versículo como este: "Clama a mim, e responder-te-ei, e anunciar-te-ei coisas grandes e ocultas, que não sabes" (Jr 33.3).

Deus deseja que oremos a ele, que conversemos com ele, mas a oração não é uma varinha de condão nem um pó de pirlimpimpim para conseguirmos aquilo de que necessitamos ou que queremos. Para quem crê em Deus, a oração é, principalmente, a busca pela realização da vontade de Deus, assim como a súplica para que o Senhor nos ajude a compreender o que ele quer de nós e nos capacite a obedecer.

A oração não é uma intenção de convencer Deus sobre nossos desejos ou necessidades, assim como não é uma força de persuasão para que ele venha a realizar o que não está dentro de seus propósitos. Ela é a expressão dos anseios do nosso coração e nosso pedido para que Deus realize seus desígnios por nosso intermédio. A oração não é um meio para alcançarmos saída ou solução dos problemas que criamos; é um pedido sincero para que Deus corrija nossos erros, retifique nossas falhas e nos ajude a não permanecer no erro.

A oração não é um pedido de socorro no momento da dor, na hora do sofrimento ou no meio do desespero. É a declaração contínua do nosso estado de carência da presença divina. A oração não é a repetição de meras palavras ou frases feitas. É abrir o coração e derramar a alma diante do Senhor. A oração não é exigência, pois Deus não nos deve coisa alguma. É a súplica, o pedido de solicitação do amor de Deus, fonte de toda bênção e felicidade.

A oração não é apresentação de nossos méritos, tampouco a tentativa da nossa justificação diante de Deus. É a declaração da comunhão com o Pai pela graça do nosso Senhor Jesus Cristo. É nossa gratidão por seu amor.

A oração não é obrigação, não é ato religioso. É comunhão, é ato de fé, é dependência de Deus.

A oração não é passiva, não é contemplativa. É ativa, é comunicativa.

A oração não é inércia. Oração exige ação.

3. O perdão de Deus e o perdão dos homens – Mateus 6.14,15

14 Porque, se perdoardes aos homens as suas ofensas, também vosso Pai celestial vos perdoará a vós;
15 se, porém, não perdoardes aos homens, também vosso Pai vos não perdoará as vossas ofensas.

O perdão deve ser pregado em todos os lugares (famílias, lares, sociedade), para todas as pessoas, em todo o tempo (Lc 24.46,47). Em 1 João 1.8,9 lemos: "Se dissermos que não temos pecado nenhum, enganamo-nos a nós mesmos, e a verdade não está em nós. Se confessarmos os nossos pecados, ele é fiel e justo para nos perdoar os pecados e nos purificar de toda injustiça".

1) **A promessa e a busca do perdão.** Deus promete o perdão ao pecador arrependido que volta aos seus braços:

a) O perdão prometido por Deus (Is 1.18; Jr 31.34). O desejo de Deus é sempre dar ao ser humano a oportunidade de se reconciliar com ele, mesmo que os pecados sejam os mais horríveis que se possa imaginar. Deus vai redimir a pessoa arrependida pelo sangue de Jesus. Além disso, Deus promete não mais se lembrar dos nossos erros e delitos;

b) Para que haja perdão, é preciso haver derramamento de sangue (Hb 9.22). O sangue de Jesus tem poder para perdoar os pecados cometidos por todos, em todos os tempos e lugares;

c) O sangue dos animais não pode tirar o pecado do mundo (Hb 10.4);

d) Ninguém pode purificar-se a si mesmo (Jr 2.2.22);

e) Somente o sangue sem pecado é que pode tirar o pecado (Hb 9.14; 1Pe 1.18,19; 1Jo 1.7).

2) A concessão do perdão – Salmo 32

a) O perdão pertence a Deus, sendo concedido exclusivamente por ele (Dn 9.9; Ez 43.21-27; Mc 2.5-12);

b) O perdão é dado por Jesus Cristo (Mc 2.5; Lc 7.48);

c) O perdão é dado por intermédio de Jesus (Jo 1.29; Et 4.32);

d) O perdão é dado por meio do sangue de Jesus Cristo (Mt 26.28);

e) O perdão é dado no nome de Jesus Cristo (1Jo 2.12);

f) O perdão é dado, apesar dos pecadores (Ne 9.17);

g) O perdão é dado pela graça superabundante de Cristo (Rm 5.20,21);

h) O perdão é dado a todo que confessa seus pecados (1Jo 1.9);

i) O perdão é dado a quem se arrepende de seus pecados (At 2.38);

j) Tenho aprendido de Jesus uma fórmula que tem feito bem a muita gente, quando aplicada com amor e carinho;

k) Pecado confessado = pecado perdoado;

l) Pecado perdoado = pecado apagado;

m) Pecado apagado = pecador purificado (1Jo 1.8-10).

3) O perdão demonstra o grande amor de Deus por nós por meio de seus atributos:

a) Compaixão (Mq 7.18-20);

b) Graça (Rm 5.15-21);

c) Misericórdia (Ex 34.6,7; Sl 51.1-12);

d) Paciência (Rm 3.25);
e) Fidelidade (1Jo 1.9);
f) Justiça (Rm 3.26).

4) O perdão nos dá a possibilidade de:

a) Voltar para Deus (Is 44.2);

b) Voltar a ter alegria (Is 44.3);

c) Voltar a ter temor e esperar por Deus (Sl 130);

d) Voltar a louvar e bendizer o nome do Senhor (Sl 103.1-10).

Concluindo, o perdão é alcançado quando o conjunto de três elementos se faz presente: confissão, arrependimento e pedido de perdão expresso pelo pecador.

Confissão

A confissão é a expressão da fé, a manifestação da obediência, a conscientização do erro, a demonstração de humildade, a formalização da culpa, o desejo de comunhão com Deus, a sensação de que é preciso pedir perdão.

Para que haja confissão, deve haver o desejo de expor os fatos, a razão da declaração de culpa. Não se pode confessar um delito sem descrevê-lo, detalhá-lo ou demonstrá-lo. No Código Penal, a confissão de um crime leva, muitas vezes, a que se anote nos autos do processo a acareação e reconstituição do delito. Por vezes, é necessário que haja testemunhas que sejam ouvidas em audiências longas e repetidas. A confissão é peça fundamental, mas nem sempre determinante para um julgamento segundo o direito dos homens.

Para a Bíblia, onde lemos que Deus conhece o espírito e as intenções do coração dos homens, e não a aparência e o exterior (1Sm 16.7; Pv 16.2), sabemos que é necessário apenas que sejamos sinceros nas palavras e honestos de sentimento.

Arrependimento

O arrependimento é um sentimento que vem de dentro para fora. Seu significado é de mudança radical, completa e total de pensamento. A palavra grega *metanoia*, traduzida por "arrependimento", significa exatamente a mudança da mente, da intenção. Sem arrependimento, a confissão será, antes de tudo, bravata ou tentativa de engano e fraude. O arrependimento leva a pessoa que muda de pensamento a reconhecer a necessidade de perdão e a mudar seu comportamento e seu pensamento.

Pedido de perdão

O pedido expresso de perdão é a confissão levada pela mudança radical do pensamento e das atitudes. Conclui com um pedido expresso de perdão pelo ato cometido, pela falha, pelo delito ou pela omissão. O pedido formulado, por escrito ou verbalmente, deve ser claro e acompanhado da prova evidente de uma mudança de comportamento.

O pedido de perdão é prova de humildade, característica dos que mudam de opinião e atitude devido à virtude e à nobreza de sentimentos, e não por pressão ou fingimento.

Confissão, arrependimento e pedido de perdão são como o tripé de um mesmo banco. Os três têm:

a) O mesmo tamanho – a grandeza;

b) O mesmo valor – a nobreza;

c) A mesma função – o resgate da alegria de viver segundo a vontade de Deus, ou seja, o caminho para a felicidade de verdade.

O conjunto desses elementos nos faz sentir a graça de Deus em nossa vida e nos torna pessoas abençoadas pelo alívio do perdão. O perdão é a graça de Deus derramada, a demonstração do amor do Pai, a restauração da comunhão, a reparação da falta, do erro e do pecado, o derramamento do Espírito Santo, a renovação da felicidade perfeita. Perdoar é absorver o prejuízo, relevar a falta, esquecer a ofensa, apagar a dívida; é não mais sentir dor na ferida aberta, nunca mais cobrar a conta, viver novamente o primeiro amor, reconstruir o que desmoronou e reatar os laços de amizade. É amar.

4. O jejum – Mateus 6.16-18

> 16 E, quando jejuardes, não vos mostreis contristados como os hipócritas; porque desfiguram os seus rostos, para que aos homens pareça que jejuam. Em verdade vos digo que já receberam o seu galardão.
> 17 Tu, porém, quando jejuares, unge a tua cabeça, e lava o teu rosto,
> 18 Para não pareceres aos homens que jejuas, mas a teu Pai, que está em secreto; e teu Pai, que vê em secreto, te recompensará publicamente.

É interessante frisar que Jesus não estava muito preocupado com o jejum em si, mas na forma como ele era praticado sem nenhum sentido ou sinceridade, só para convencer os outros de que a pessoa que jejuava era espiritual. O jejum era um dos três elementos da verdadeira religião para o judeu, ao lado da oração e da esmola.

O jejum sempre foi uma prática religiosa, mas também uma demonstração de luto, como o que o profeta Zacarias (Zc 7.5) revela quando da morte de Gedalias, governador de Judá (2Rs 25.26). A pergunta enfática de Zacarias 7.5 demonstra a hipocrisia do jejum do povo, que não se importava com Deus, mas apenas cumpria um rito religioso com intenções egoístas.

Jesus vai mostrar a maneira que deve proceder qualquer pessoa que queira jejuar. Em primeiro lugar, ele ensina que quem jejua não deve deixar ninguém saber que está jejuando. Quando conta para outro que o faz, seu jejum não tem mais valor. Quando quem jejua demonstra, de qualquer maneira, pelo seu semblante, num olhar melancólico ou nos gestos, uma aparência de piedade ou uma tristeza, deixa de praticar um jejum que poderia agradar a Deus porque está fazendo aquilo para se mostrar uma pessoa piedosa diante dos outros. É uma questão de vaidade, não de consagração.

A prática do jejum coletivo, da decretação de jejum para toda a igreja e a propaganda do jejum não agrada a Deus. Além de não ter valor, torna-se pecado. O jejum em si não é condenado por Jesus, mas sua prática com objetivos de sensibilizar alguém, de motivar outros a fazê-lo, sim. Jesus classifica como um ato de hipocrisia. A única forma que poderia ser aceita por Deus é o jejum secreto. Ninguém pode saber que se está jejuando.

A recompensa que se tem quando declaramos que estamos em jejum é o reconhecimento, por parte dos homens, que somos pessoas piedosas e cheias de religiosidade. O reconhecimento que se tem de Deus por qualquer ato de caráter espiritual são as bênçãos incontáveis do seu amor para conosco.

O jejum, se praticado, deve ser interior, sem que marcas externas o identifiquem. Mas o verdadeiro jejum que Deus exige de nós é o que o profeta Isaías nos mostra claramente no capítulo 58, quando a pergunta que o povo faz no versículo 3 – "Por que jejuamos nós, e tu não atentas para isso?" – é respondida por Deus (v. 4), dizendo que os atos religiosos são meramente atos mascarados de uma piedade inexistente, na qual a justiça não é praticada.

"O jejum que me agrada é que vocês repartam a sua comida com os famintos, que recebam em casa os pobres que estão desabrigados, que deem roupas aos que não têm e que nunca deixem de socorrer os seus parentes". Jesus toma, certamente, a profecia de Isaías e a desenvolve para seus discípulos, fazendo ainda uma conclusão que é a recompensa dada por Deus. Isaías já demonstrava essa recompensa da seguinte forma: "Então romperá a tua luz como a alva, e a tua cura apressadamente brotará, e a glória do Senhor será a tua retaguarda" (Is 58.8).

Esse é o verdadeiro jejum que Jesus ensina a seus discípulos. O caminho da felicidade é agradar a Deus. O homem da Galileia não promete a seus discípulos recompensas que sejam vistas pelos homens, mas garante a bênção de Deus: "[...] e teu Pai, que vê em secreto, te recompensará".

A bênção de Deus é a felicidade, a vida eterna com ele e a paz interior. O jejum exterior, isto é, a privação de alimento para se ter uma aparente devoção, só traz canseira, desnutrição e fraqueza, ao passo que a vida íntima de comunhão com o Pai Eterno nos faz ver maravilhas, como diz Isaías 58.14: "Então te deleitarás no Senhor, e te farei cavalgar sobre as alturas da terra, e te sustentarei com a herança de teu pai Jacó; porque a boca do Senhor o disse".

Para que você possa compreender melhor alguns termos usados neste capítulo, veja a relação abaixo:

- Ungir a cabeça – A unção está ligada ao ato de se lavar (tomar banho) e se perfumar. Quem desejava se fazer passar por alguém muito espiritual ao jejuar não procedia dessa forma. Para poder parecer como se estivesse fazendo um enorme sacrifício espiritual, a pessoa nem lavava o rosto. Por isso, Jesus dá algumas ordens, como evitar o ar contristado, sombrio ou triste. Lavar o rosto também é importante;

- Ungir a cabeça é traduzido também como perfumar-se. Estas práticas deveriam fazer parte da rotina diária e da higiene pessoal, mas nos dias de jejum não eram observadas. Jesus dá ordem que se proceda normalmente para não aparentar que se está jejuando, posto que o jejum é para Deus, e não para as pessoas verem;

- "Teu Pai, que vê em secreto, te recompensará." Deus não precisa que mostremos a ele alguma coisa para que conheça nossa vontade, nosso coração. Ele enxerga nosso interior independentemente de nossos atos. Ele vê nossa intenção, nossa vontade, nosso querer e nossos motivos. Assim como devemos fazer caridade em secreto porque deve ser uma atitude de amor, e não de vaidade, o ato de jejuar deve ser realizado sem que haja testemunhas que possam aplaudir ou testemunhar a favor daquele que está jejuando.

5. Os tesouros da vida eterna e a fragilidade dos bens materiais – Mateus 6.19-21

> *19 Não ajunteis tesouros na terra, onde a traça e a ferrugem os consomem, e onde os ladrões minam e roubam;*
> *20 Mas ajuntai tesouros no céu, onde nem a traça nem a ferrugem os consomem, e onde os ladrões não minam nem roubam.*
> *21 Porque onde estiver o vosso tesouro, aí estará também o vosso coração.*

Só pode ajuntar riquezas nos céus quem tem direito de morada nele. Só tem "visto de entrada" quem passa pelo caminho da cruz do Calvário. As riquezas espirituais são aquelas que angariamos devido à nossa comunhão com o Senhor. Por meio do Espírito Santo, passamos a ter acesso às mais extraordinárias riquezas.

O maior tesouro que o ser humano pode adquirir é a segurança da vida eterna com Deus. Este é o caminho da felicidade de verdade. Textos como João 3.16, Romanos 3.23, 6.23, 10.13 e João 1.12 nos mostram como temos necessidade de Jesus e como a encontramos.

Por vezes, temos dificuldade de entender que nosso maior tesouro é espiritual, e não material. Tudo o que temos materialmente ou somos intelectualmente não tem serventia para garantir nossa vida após a morte. Mas em que consiste essa certeza de vida eterna, esse tesouro que Jesus recomenda que tenhamos nos céus e que nos proporciona felicidade?

A salvação consiste em ser libertado:

- ◇ Do pecado. O homem pecou e foi destituído da glória de Deus (Rm 3.23). Tendo Cristo como Senhor, ele volta a ter a glória de Deus, pois Cristo pagou o preço do pecado com o seu sangue;

- Da condenação. Em Cristo somos libertados da condenação à morte por causa do pecado (Rm 6.23);
- Das consequências do pecado. Por intermédio de Jesus, encontramos paz com Deus e podemos invocar o seu nome, e não mais sofreremos as consequências do pecado (Rm 10.13).

A salvação significa o começo de uma nova vida plena de riquezas espirituais, de um novo modo de vida. O texto de João 3.16 nos mostra essa riqueza:

- "Deus amou o mundo de tal maneira": a maneira de Deus amar;
- "Deus deu seu Filho unigênito": Cristo morreu por nós quando ainda éramos pecadores. Foi na cruz que ele fez isso;
- "Para que todo aquele que crê no Filho não pereça": a libertação é absoluta a ponto de tornar-se a pessoa que aceita Jesus como o Filho de Deus e, portanto, herdeiro do reino (Jo 1.12). Quem aceita Cristo como Salvador torna-se filho de Deus;
- "Mas tenha a vida eterna": o plano de Deus é um plano de amor perfeito.

Vale a pena identificar uma expressão que pode ajudar a compreender melhor o que lemos neste capítulo:

- Traça e ferrugem, ladrões que minam e roubam – Estas ideias são, de certa forma, tudo o que pode acontecer para que as riquezas materiais percam o valor. Podem ser interpretadas literalmente ou no sentido figurado. Temos visto dinheiro que se estraga, molhado por enchentes, queimado pelo fogo ou ainda destruído por ácidos ou outros líquidos. Sabemos de fortunas que se evaporam em um só dia quando as bolsas caem e as ações perdem valor. Negócios são feitos e perdem-se milhões em uma só transação, sem falar nas perdas devido ao jogo de azar.

6. Bondade, luz, ânimo, vitória – Mateus 6.22,23

> 22 A candeia do corpo são os olhos; de sorte que, se os teus olhos forem bons, todo o teu corpo terá luz;
> 23 Se, porém, os teus olhos forem maus, o teu corpo será tenebroso. Se, portanto, a luz que em ti há são trevas, quão grandes serão tais trevas!

Havia uma compreensão de que, por intermédio dos olhos, a luz entrava no corpo, na vida e na alma das pessoas. Seria um milagre da vida e uma vitória sobre as trevas. Tal conceito se apresenta aqui como prêmio aos que procuram ver a bondade nos outros, a bondade da própria luz que os ilumina. A luz entrando nos olhos era como um milagre que se repetia a cada instante.

Olhos bons são capazes de ver boas coisas na simplicidade de uma análise dos acontecimentos, dos fatos e das intenções dos outros. A luz é aqui interpretada como a vontade de ver, sentir e demonstrar bondade. O ânimo interno para fazer o bem.

Assim como Jesus ensina sobre o ânimo de ver o bem através da luz que entra pelos olhos, que são a lâmpada da alma, ele também demonstra que o que envenena o ser humano não é o que ele come e, sim, o que sai do seu interior.

A luz é o milagre da vida e o prêmio da vitória, da fidelidade, da dedicação e da confiança. Quando se tem confiança na luz, anda-se sem medo de cair. A vida passa a ter um brilho especial. O coração se enche de ânimo e todo o corpo passa a ter a luz que vem por meio dos olhos e atinge o interior, o íntimo, a alma.

"Ânimo" é uma palavra que vem do latim *anima*, que significa "alma". É com a alma que se tem:

- Ânimo para ver a luz que vence as barreiras;
- Ânimo para levar outros à vitória da luz interior;
- Ânimo para crer que Jesus é a luz do mundo;
- Ânimo para tomar posse da luz.;
- Ânimo para impor resistência aos inimigos que andam nas trevas;
- Ânimo para ter a força da luz que penetra nas trevas;
- Ânimo para ter coragem de ser luz no meio das trevas;
- Ânimo para não se desviar do caminho da luz;
- Ânimo para falar do livro da Lei de Deus;
- Ânimo para fazer exatamente como está escrito nas Escrituras;
- Ânimo para ser bem-sucedido na divulgação da luz.;
- Ânimo para ser forte e corajoso contra a escuridão;
- Ânimo para não se espantar quando as trevas atacarem;
- Ânimo para não temer o príncipe das trevas;
- Ânimo para andar com Deus;
- Ânimo para ser feliz.

O milagre da vida é viver na luz, vendo o que Jesus quer de nós a cada dia. O prêmio da vitória sobre as trevas é conquistado por meio da obediência, da cooperação e da abnegação (Js 1.10-18). Bom ânimo é ter coragem, força, intenção e vontade.

Em linguagem jurídica, o ânimo pode ser dividido em:

1) *Animus abutende* – intenção de abusar;

2) *Animus furande* – intenção de furtar;

3) *Animus laedendi* – intenção real de ferir, ofender ou atacar;

4) *Animus rem sibi habendi* – intenção de possuir uma coisa como sendo sua própria.

Em linguagem religiosa, por inferência, dizemos:

1) *Animus pecari* – intenção de pecar;

2) *Animus non pecari* – intenção de não pecar.

É assim que Jesus apresenta seu ensino sobre os olhos. Olhos que não querem pecar, cujo *animus* é ser luz da alma.

Ter bom ânimo no texto de Josué (Js 1.7) pode ser interpretado como intenção, coragem e força de vontade para vencer, para ser luz, para brilhar e para obedecer. A obediência é uma característica dos discípulos de Jesus:

1) As ordens são dadas com clareza: "Andem na luz" (Jo 12.35);

2) Elas são para o bem de todos (Mt 4.16);

3) Elas demonstram a vontade de Deus (Jo 1.4,5);

4) Seu cumprimento traz consequências benéficas (Is 42.16);

5) Seu descumprimento leva ao castigo e à morte (Jo 3.19,20).

Cooperação é a maneira de se fazer aquilo que Deus deseja. Cooperação entre a candeia e a luz, a luz e os olhos, entre o fazer e o viver. O *modus faciendi* é a maneira de ser e de agir do discípulo de Jesus Cristo.

Jesus ensina que é indispensável a ação conjunta da lâmpada, que são os olhos, e a luz que penetra por eles, para iluminar a alma. Como povo de Deus, precisamos nos manter unidos, cooperando uns com os outros para atingir o escopo de sermos a luz do mundo (Mt 5.14-16), uma comunidade pura e santa que tem dedicação, renuncia as trevas e tem desprendimento para ser luz que brilha sem outra intenção a não ser dissipar as trevas do pecado.

A renúncia é a maneira de se viver a fé cristã. O *modus vivendi* é a maneira de viver do discípulo de Deus.

Precisamos fazer muitas coisas. Algumas podemos até não gostar de fazer, mas renunciamos nossa vontade e dizemos: "[...] não mais eu, mas Cristo vive em mim [...]" (Gl 2.20). Renunciamos nossos direitos e assumimos nossos deveres. Aí nos tornamos vitoriosos e o milagre da luz entra pela janela do corpo. Quando isto acontece, brilhamos e encontramos sentido para a felicidade.

Concluindo, o prêmio é a vitória sobre nós mesmos, sobre nossa limitação. Somos vitoriosos e felizes quando Cristo vive em nós, dando-nos a alegria de viver; quando cumprimos nossa missão, nossa tarefa de sermos a luz para o mundo, luz que dissipa as trevas. Somos felizes por servir quem serve a Deus. Eis o milagre da luz que entra pelos olhos e se torna a candeia da alma, enchendo de ânimo todo o nosso ser.

Aqui estão alguns termos e objetos citados no texto:

1) Candeia é uma espécie de lâmpada, lamparina a óleo;
2) Tenebroso é aquilo que está em trevas. O mundo é tenebroso devido às trevas do pecado. A luz dissipa as trevas do coração tenebroso e faz com que resplandeça a vontade de Deus.

7. Servindo a um único Senhor – Mateus 6.24

> *24 Ninguém pode servir a dois senhores; porque ou há de odiar um e amar o outro, ou se dedicará a um e desprezrá o outro. Não podeis servir a Deus e a Mamom.*

Deus é absoluto e deseja que aqueles que o amam vivam exclusivamente para ele. Deus não permite que nos dividamos para servir seja lá quem for, mesmo por um instante. Ou somos seus servos fiéis ou não podemos ser seus. Só somos de Deus se ele for nosso Senhor exclusivo.

Não há como ser parcialmente de Deus. Deus exige que sejamos seus em tudo e em todos os momentos. Nada pode ser nosso, mas tudo sendo dele. Devemos a ele consagrar tempo, corpo, alma, bens, sentimentos, vontade, anseios e amor.

Ninguém pode servir a dois senhores. Deus deseja ser nosso único e exclusivo Senhor. Ele não admite nem mesmo estar em primeiro lugar; ele quer estar no único lugar de Senhor absoluto em nossa vida. Não há como dividir sua glória, compartilhar com outros seu poder nem mesmo pedir a outro uma bênção, pois ele é Deus e não aceita ser colocado entre outros deuses vivos ou mortos, no céu ou na terra, pois só ele é Deus. A Bíblia nos fala da majestade de Deus e nos mostra que só a ele devemos dar honra, glória e poder.

Jesus diz que não podemos servir a dois senhores, pois chegaremos a odiar a um se amamos o outro. As palavras de Jesus mostram que não podemos depositar nossa confiança em nada nem ninguém além de Deus, ainda menos nas riquezas. Este ensino está ligado com o ajuntamento de tesouros nos céus. Nossa riqueza não pode ser nosso tesouro. A confiança no dinheiro leva o homem à autossuficiência e a abandonar o centro da vontade de Deus.

O alvo de todos os que amam a Deus é viver no centro da vontade divina. Isso implica duas ações conjuntas: a primeira é a ação do Espírito Santo para nos tirar da periferia e nos levar para o centro; a segunda é a ação missionária da igreja, que nos faz sair para anunciar a Palavra de Deus.

Uma é a ação "centrípeta", isto é, sair dos lados, de fora para dentro. Sair do mundo que jaz no maligno (1Jo 5.9) e vir para o corpo de Cristo, onde o Senhor reina absoluto e soberano (1Co 12.27). Viver no centro da vontade Deus é viver longe das coisas do mundo. Afastar-se dos modismos, da corrupção, da imoralidade, da ganância e de todas as outras coisas descritas no primeiro capítulo da Carta aos Romanos.

A outra é a ação "centrífuga", saindo do centro para os lados. Não significa desligar-se do centro, que é a comunidade (ou igreja) local, onde o discípulo de Cristo deve estar ligado para o exercício da fé, mas sair para o anúncio do evangelho no exercício da grande comissão registrada em Marcos 16.15.

Viver no centro da vontade de Deus, portanto, é estar em plena comunhão com ele, fazendo-lhe a vontade todos os dias e submetendo-se à sua Palavra, a Bíblia Sagrada. Não devemos nos afastar do convívio cristão na igreja local nem abandonar a comunhão com a igreja (Hb 10.25).

Viver no centro da vontade de Deus é estar constantemente tirando do coração qualquer confiança depositada nas riquezas, sejam elas de ordem financeira, patrimonial, cultural ou social. É viver como filho obediente e exclusivo de Deus.

Para compreender melhor um termo citado no texto, veja a seguir:

- ⋄ Mamom – É uma palavra aramaica que significa "riquezas", mas neste contexto Jesus usa para personificar como uma entidade pessoal. Poderia ser entendida como o deus da riqueza. É a confiança depositada nos bens financeiros. São as riquezas materiais.

8. Chega de ansiedade: "Basta a cada dia o seu mal" – Mateus 6.25-34

25 Por isso vos digo: Não andeis cuidadosos quanto à vossa vida, pelo que haveis de comer, ou pelo que haveis de beber; nem, quanto ao vosso corpo, pelo que haveis de vestir. Não é a vida mais do que o mantimento,, e o corpo mais do que o vestuário?
26 Olhai para as aves do céu, que não semeiam, nem segam, nem ajuntam em celeiros; e vosso Pai celestial as alimenta. Não tendes vós muito mais valor do que elas?
27 E qual de vós poderá, com todos os seus cuidados, acrescentar um côvado à sua estatura?
28 E, quanto ao vestuário, por que andais ansiosos? Olhai para os lírios do campo, como crescem; não trabalham nem fiam;
29 E eu vos digo que nem mesmo Salomão, em toda a sua glória, se vestiu como qualquer deles.
30 Pois, se Deus assim veste a erva do campo, que hoje existe, e amanhã é lançada no forno, não vos vestirá muito mais a vós, homens de pouca fé?
31 Não andeis, pois, inquietos, dizendo: Que comeremos, ou que beberemos, ou com que nos vestiremos?
32 (Porque a todas estas coisas os gentios procuram.) De certo vosso Pai celestial bem sabe que necessitais de todas estas coisas;
33 Mas, buscai primeiro o seu reino de Deus, e a sua justiça, e todas estas coisas vos serão acrescentadas.
34 Não vos inquieteis, pois, pelo dia de amanhã; porque o dia de amanhã cuidará de si mesmo. Basta a cada dia o seu mal.

A ansiedade tem feito a humanidade sofrer por antecipação o mal do dia seguinte. Se essa realidade se tornou o mal do último século, percebemos rapidamente que passou também para o século 21 como herança genética. Mas será que no primeiro século da era cristã já não era um mal devastador? Evidentemente que sim, pois Jesus fala da ansiedade, das preocupações e das inquietudes do ser humano em várias ocasiões.

Ele procurou passar para todos o cuidado no trato desses males, mostrando que a fé nele forneceria uma compreensão melhor sobre essas situações. A pergunta que ele nos faz no versículo 27 demonstra que a preocupação com problemas irrelevantes, com situações contornáveis ou com o que não tem solução humana não deve ocupar nossa mente e energia. Devemos confiar no Pai celestial: "Ora, qual de vós, por mais ansioso que esteja, pode acrescentar um côvado à sua estatura?"

Ninguém pode aumentar meio metro ao seu tamanho. Ou, como ainda podemos interpretar a questão, ninguém pode aumentar o tempo de sua vida. Por mais que a ciência progrida e a tecnologia se desenvolva, não há como aumentar o tempo de vida de alguém. Todos vão morrer um dia.

Tem havido esforços para que pessoas que não cresceram em virtude de carência de nutrientes ou de deficiência genética possam recuperar parte do peso e da massa óssea, permitindo até um crescimento, mas não significa que o homem seja capaz, com a sua preocupação e ansiedade, aumentar sua estatura.

Não precisamos viver apressadamente

Não há necessidade de vivermos com ansiedade. A ansiedade faz crescer em nós todo tipo de preocupação que nos traz angústia e nos leva ao desespero. Jesus nos ensina que nosso modo de vida deve ser em conformidade com a nossa fé, isto é, de plena confiança no Deus eterno que é capaz de nos dar sua paz.

A pressa tira de nós o prazer e a satisfação. Quando estamos apressados, acabamos perdendo a noção do tempo e do espaço. Acabamos nos perdendo em correrias e somos incapazes de ver a paisagem ao nosso lado.

Ao viajar pelas terras francesas, indo de Versalhes, onde era pastor da Igreja Batista que, na ocasião, mais crescia na França, até Bordeaux, cerca de 600 quilômetros distante de Paris, tínhamos a responsabilidade da organização de uma igreja bilíngue (francês/português) e a opção de viajar de carro, avião ou trem de grande velocidade, que alcançava cerca de 400 km/h.

De carro, víamos os detalhes da vegetação, parávamos onde bem entendíamos, fazendo nosso itinerário e tomando o tempo que bem quiséssemos. De avião, quase nada se via em detalhes. De trem (TGV), a velocidade era tão grande que não se apreciava a beleza dos vinhedos, os campos floridos e as fazendas bem trabalhadas.

A pressa ou a velocidade nos impede de ver o detalhe. É necessário saber dar valor às coisas e aos elementos ao nosso redor. Respirar o ar puro dos campos, sentir o perfume das flores. Como é bom olhar as flores do campo e ver as aves com suas plumagens diferentes, seus cantos maviosos e seu voo preciso e gracioso! Como é bom ter tempo para ver, para ouvir e para sentir a brisa agradável do vento que traz os perfumes da vida! Sempre podemos tirar o tempo, mesmo que de um minuto, uma hora ou um dia e apreciar o que significa viver na presença do Deus eterno que está conosco o tempo inteiro. A felicidade de verdade passa por aí.

É indispensável que saibamos dar tempo ao tempo e que apreciemos a agradável presença do Senhor conosco.

Deus nos dá segurança sobre o passado

Há os que estão com medo do passado, por isso, se sentem inseguros e ansiosos sem saber o que fazer com os pecados do passado. No entanto, eles são perdoados. Basta confessá-los e pedir perdão em nome de Jesus. Há também os que estão preocupados com os erros e pecados dos seus antepassados e se preocupam com os ensinos falsos. São pessoas que se imaginam dentro de uma maldição antiga. No entanto, a Bíblia nos assegura que não há maldição de antepassados. Deus está em nossa retaguarda; ele não permite que tenhamos sobre nós castigo de outros. Jesus morreu na cruz para nos livrar de todo tipo de pecado.

Deus nos dá segurança no presente

Todos vivem com medo no presente. O medo é natural no homem, mas sabemos que o amor lança fora o medo e nos faz viver uma experiência de paz. A violência cresce assustadoramente em torno de todos nós, em todos os lugares, nas grandes e pequenas cidades, nos bairros de classe média e nas periferias pobres. Isso faz com que tenhamos medo, mas Deus nos dá sua proteção. Ele está ao nosso lado.

O medo toma várias formas. As pessoas sentem receio da rejeição e passam a ter um comportamento inadequado que leva tanto à violência quanto a atitudes e comportamentos ditados pela moda ou pelas tendências sociais.

Hoje, muita gente está tão preocupada com sua aparência que está pronta para tudo. Na ânsia de se colocar em conformidade com a moda, homens e mulheres se mutilam, esticam e recheiam de silicone e de anabolizantes, a ponto de se deformar ou prejudicar a própria saúde. O preço alto que se paga, não só financeiro, mas, também, psicológico, pode até levar à depressão ou mesmo ao suicídio. Vale a pena?

Deus nos garante um futuro certo

Ele vai à nossa frente. Em Jesus Cristo temos a salvação e a felicidade. Vamos deixar nas mãos de Deus o irreparável do passado; ele reparará com o perdão. Vamos deixar com ele as preocupações de hoje; ele nos dará a proteção. Vamos deixar nosso futuro garantido na cruz de Cristo e teremos a vida eterna. Deixaremos de nos preocupar, de viver ansiosamente e de correr apressadamente.

O ensino singelo de Jesus nos leva a refletir sobre coisas simples, como as aves do céu, os lírios do campo e toda a erva ao nosso redor, que dependem exclusivamente da natureza. Isto é, dependem da chuva e do sol, do frio e do calor que são dirigidos por Deus. Da mesma maneira, nós, como as demais criaturas, dependemos da ação divina em nossa vida. Nosso Pai celeste sabe de tudo o que precisamos para viver. Ele conhece nossa necessidade física, conhece nosso organismo, sabe que passamos frio, fome, sede, cansaço, sono e providencia tudo para nós.

Deus quer que tenhamos fé autêntica, genuína. Uma fé capaz de remover montanhas, de transportar para o fundo dos mares nossos males e nossas frustrações. Uma fé capaz de tirar nossa ansiedade e nossa insegurança. A fé que é um dom divino para os filhos de Deus.

Buscar o reino em primeiro lugar

Quem ama e vive para Jesus Cristo deve ter como primeira preocupação a busca do reino de Deus na terra.

Isso significa estar disposto a colocar o reino em primeiro lugar. É isso que Deus deseja de nós.

De um modo geral, vemos hoje o cuidado com a aparência, com as coisas materiais e com o poder econômico das igrejas. Tem havido uma mudança de sentido da busca dos interesses das comunidades de fé. Os cristãos perderam de vista a essência, o principal, e passaram a procurar o secundário.

Líderes de muitas igrejas têm se preocupado mais com o "ter" do que com o "ser". Estes dois verbos têm um valor muito interessante na Bíblia. Muitas vezes, quem tem nada tem. Por isso, é dito: "O que vale ao homem ganhar [ter] o mundo inteiro e perder sua alma?" (Mt 16.26). Ter qualquer coisa ou mesmo muita coisa sem ter o reino de Deus é não ter nada. Ou mesmo pior que não ter nada, pois quem não tem o reino de Deus está longe de Deus e, portanto, nada tem, vive sem a misericórdia divina.

Em primeiro lugar, devemos conhecer o reino de Deus, seus propósitos, seus interesses e suas exigências. Devemos nos engajar, demonstrando nosso compromisso de obediência e dedicação. Jesus toma como exemplo um reino humano em que a pessoa do rei é obedecida, temida, respeitada e acatada sem discussão.

Mas, na realidade, o ensino vai além das características de um reino qualquer, por mais poderoso e extraordinário que seja, como é o caso do reino de Salomão. No entanto, o exemplo que Jesus nos dá do reino de Salomão é que ele não pode se igualar nem aos lírios do campo que, cuidados por Deus, fazem com que a glória deles seja muito maior que a do mais glorioso dos reis de Israel. Nem o rei Salomão, tão rico, poderoso e glorioso, conseguiu se vestir como os lírios do campo. Ter é diferente de ser.

Além de termos o reino de Deus, somos componentes dele. Estamos integrados no reino, fazemos parte dele, por isso, devemos estar continuamente em busca de colocá-lo em primeiro lugar. Buscar o reino é estar preocupado em fazer o que o Senhor do reino determina, é colocar-se à disposição do Rei e obedecer à sua ordem com determinação.

Colocando o reino de Deus em primeiro lugar, nós nos preocupamos com sua justiça. Nossa justiça se torna a justiça de Deus. Por mais justos que sejamos, estamos limitados devido à nossa fraqueza e nossa condição de pecadores. Somos incapazes de ser completamente imparciais. Nossos sentimentos, nossas emoções e nossas sensibilidades, assim como nossos gostos, nossas preferências e tendências, fazem com que tenhamos opções e escolhas que nem sempre são a expressão absoluta da justiça.

Nosso dever é buscar a justiça do reino de Deus, pois ela é justa, verdadeira e completa. É comum ouvir histórias de pessoas que foram presas, julgadas e condenadas injustamente. Inocentes que pagam no lugar dos culpados. Condenados que não cometeram nenhum crime estão passando seus anos de vida atrás de grades das cadeias em todo mundo.

Nossa justiça é imperfeita. Julgamos e condenamos as pessoas devido às evidências, aos fatos que conhecemos e às informações que nos são testemunhadas. Somos incapazes de distinguir uma informação segura de outra falsa. Somos influenciados pelo falso testemunho e por evidências que nos enganam. Nossa justiça é limitada. Ao buscar o reino de Deus e sua justiça, nós nos tornamos pessoas cheias do amor de Deus e da sua graça. Assim, podemos nos tornar mais justos, bondosos, compreensivos e, sobretudo, cumpridores do desígnio divino para nós e para os outros.

Buscar o reino de Deus para conseguir todas as outras coisas não é o método aconselhado. Devemos, sim, buscá-lo por ser o melhor para nós e para os outros. Não há, no conselho de Jesus, a intenção de tentar fazer uma barganha com Deus: "Eu vou colocar teu reino em primeiro lugar e tu me darás tudo o que eu quero". Devemos observar que Jesus não nos promete o que queremos, nem mesmo o que os outros têm, para que tenhamos igual e, sim, tudo aquilo que nos é indispensável para vivermos bem:

- ◊ Livramento da ansiedade. Uma primeira ideia que nos vem é o livramento do sentimento de ansiedade que nos leva viver tensos e inseguros. Quando o reino de Deus é colocado em primeiro lugar, a ansiedade deixa de existir em nossa vida. Somos livres da influência nefasta da ansiedade;

- ◊ Provisão de alimento. Pássaros e animais do campo são alimentados diuturnamente pela providência divina. A fauna não precisa plantar e colher; ela tem à sua disposição toda a cadeia alimentar. Deus também, desde o Jardim do Éden, já elaborou um plano para a alimentação da humanidade como um todo e para cada indivíduo que se submeta à sua vontade. O plantio, a colheita, a armazenagem e a preservação dos alimentos por processos de congelamento e conservação fazem com que tenhamos sempre à nossa disposição o alimento de que necessitamos;

- ◊ Provisão de água. A preocupação humana com o líquido precioso, que é a água, indispensável para nossa sobrevivência, tem sido negligenciada, mas vemos a mão poderosa de Deus cuidando do nosso planeta de tal forma que, mesmo com todo o descaso do homem, que explora inadequadamente os recursos hídricos, não tem faltado a água para que bebamos;

⋄ Provisão de vestuário. Assim como a própria natureza se encarregou de providenciar peles, pelos, penas e camadas de gordura para a proteção do frio e do calor para a toda a fauna, para nós, de um modo explicável, Deus deu a inteligência e a capacidade para produzir, confeccionar e reciclar todo o tipo de material para que usemos como vestuário e proteção, assim como na construção de aposentos, embarcações e instrumentos que nos proporcionam segurança e conforto.

Encontramos a advertência de Jesus no Evangelho de Mateus 6.30 sobre o que Deus faz com a erva do campo, cuja vida é tão efêmera, de forma bem incisiva: "Pois, se Deus assim veste a erva do campo, que hoje existe e amanhã é lançada no forno, quanto mais a vós, homens de pouca fé?" Nesta advertência, podemos sentir o peso do ensino de Jesus sobre o cuidado de Deus para conosco, mas parece que cremos pouco nisso. Jesus diz que temos pouca fé para aceitarmos o cuidado de Deus.

No versículo 31, ele acrescenta: "Portanto, não vos inquieteis [...]". A forma de Jesus nos tranquilizar é tão poderosa que nos proporciona paz. Por isso, devemos deixar de nos inquietar e viver questionando tudo: "O que vamos comer? O que vamos beber? Com que vamos nos vestir?"

Deus cuida de nós. Ele deseja que sejamos felizes de fato. O cuidado é completo, mas também impõe uma nova maneira de pensar, reagir e viver: pensar com a mente de Cristo. Jesus não quer que sejamos como os gentios e publicanos, nem como os fariseus hipócritas que imaginavam poder adquirir bênçãos e santidade por meio de seus esforços religiosos. A procura dos gentios por todas as coisas era uma procura baseada nas próprias intenções, mas nossa procura não é de coisas para ter, mas para ser. Procuramos o reino de Deus e sua justiça. A justiça de Deus que nos justifica na cruz do Calvário devido à remissão de nossos pecados pelo sangue de Jesus.

Todas essas coisas os gentios procuram, mas não sabem onde encontrá-las. Procuram em lugar errado, em pessoas erradas e em situações inadequadas. Nossa procura deve ser pela vontade de Deus porque o Pai celestial sabe que precisamos de tudo isso e nos acrescenta a cada dia o que necessitamos. Aliás, além do que necessitamos.

A conclusão a que Jesus chega, ou melhor, quer que nós cheguemos, é que a nossa vida deve ser vivida hoje, sem a preocupação do amanhã, posto que o amanhã pertence a Deus.

No versículo 34, Jesus volta a dizer o que repetidas vezes declarou aos discípulos: "Não vos inquieteis". A vontade de Jesus é que nossa vida tenha o gosto bom da fé, da confiança e da paz que excede todo entendimento, "pois o dia de amanhã cuidará de si mesmo".

Para finalizar este ensino, Jesus declara: "Basta a cada dia o seu mal". Os dias são maus. O mal campeia no mundo e sempre haverá tribulação diante de nós para nos fazer sofrer. O povo de Deus sempre enfrentou mares e rios, atravessou desertos e viu muralhas desabarem. O Mestre amado nos diz: "No mundo tereis aflições, mas tende bom ânimo, eu venci o mundo" (Jo 16.33).

Assim como Jesus nos diz que enfrentaremos tribulações, ele afirma que os dias são maus. Seu objetivo não é nos desanimar nem criar ansiedade em nós, mas fazer com que criemos coragem. Ele inocula em nós a vacina contra o desânimo, pois declara que diz isso para que nele tenhamos paz. No versículo 34, ele procura tirar toda nossa ansiedade e inquietação, mostrando que cada dia trará consigo uma parte da maldade do pecado que está no mundo, mas que em Cristo nós temos paz com Deus, nos tornamos filhos de Deus e garantimos o perdão dos nossos pecados e a nossa nova vida.

"Não vos inquieteis, pois, pelo dia de amanhã; porque o dia de amanhã cuidará de si mesmo. Basta a cada dia o seu mal". Não podemos colocar o carro na frente dos bois, assim como não podemos colocar o dia de amanhã antes do de hoje. Vivamos nosso hoje confiados no Senhor Todo-poderoso, e nosso amanhã será menos pesado que hoje. Nossas próximas semanas e os meses vindouros serão vividos um a um, e todos os anos de nossa vida devem ser livres da preocupação de vivê-los todos de uma só vez. Viveremos na paz do Senhor. É o caminho para a felicidade real.

Buscar o reino de Deus é a melhor coisa que o homem pode fazer: buscar a dependência de Deus. O reino de Deus é melhor que o alimento ou o vestuário. Na realidade, ao buscarmos o reino, encontramos tudo de que temos necessidade. Deus supre os seus de tal forma que nada nos falta.

O salmista diz: "O Senhor é o meu Pastor, nada me faltará". Quando estamos no reino de Deus, todas as nossas ansiedades desaparecem e passamos a desfrutar da delícia da presença divina.

Antes de passar ao próximo capítulo, encontre aqui alguns conceitos que podem ajudar a entender o texto que acabamos de ver:

⋄ "Não estejais ansiosos" – O ensino de Jesus sobre a preocupação com a vida é baseado na confiança que devemos ter em Deus. Dependemos de Deus para tudo em nossa vida, e ele é conhecedor de nossas necessidades e provedor de tudo de que precisamos. Não podemos viver sem o ar que respiramos. Não adianta ficarmos ansiosos, cuidadosos, apreensivos, estressados ou deprimidos. Nada conseguiremos com isso. Mas basta confiar, ter nossa fé em Deus e a ansiedade desaparecerá;

- Solícito – É encontrado em algumas versões, e pode ser interpretado por "inquieto", "apreensivo" e "receoso", tendo quase o mesmo teor de preocupação que o termo "ansioso";

- Côvado – Medida de comprimento equivalente a 46 centímetros;

- Estatura ou vida? – A palavra usada por Jesus pode ser interpretada tanto como "estatura", "tamanho" ou "tempo". Talvez, haja uma ponta de humor nas palavras de Jesus, querendo dizer "pedacinho de vida a mais", um pouco de tempo de vida adicional;

- Celeiro – O local onde se guarda os grãos colhidos nos campos. São grandes armazéns ou galpões onde os cereais são armazenados em grãos ou em sacos. Também são conhecidos como silos;

- Erva queimada no fogo – Como havia falta de madeira nas regiões da Palestina, era usada erva do campo como combustível para ser queimada nos fornos.

quatro
Mateus, capítulo 7

A felicidade como recompensa

1. Juízes e réus – Mateus 7.1,2

> *1 Não julgueis, para que não sejais julgados.*
> *2 Porque com o juízo com que julgardes, sereis julgados, e com a medida com que tiverdes medido vos hão de medir a vós.*

Neste texto, Jesus não está impedindo que julgamentos justos sejam aplicados aos que cometem faltas, crimes dolosos ou culposos. Jesus não nos incita a viver em uma sociedade sem regras e leis. O direito e a justiça devem prevalecer. O que não pode haver é a crítica destruidora e o desejo de se julgar os outros como se fôssemos pessoas sem erro.

O apóstolo Paulo, tomando o ensino de Jesus, desenvolve alguns argumentos de grande valor, mostrando que somos dispenseiros da graça de Deus. Distribuímos graças e bênçãos, mas não julgamentos e condenações. Ele diz que não devemos julgar a ninguém nem a nós mesmos. Ele afirma não julgar a si mesmo e não se importar com o julgamento dos outros. Não devemos julgar ninguém nem sermos julgados pelos outros, pois só o Senhor Jesus tem o direito de nos julgar (1Co 4.1-5).

Devido à falta de obediência aos ensinos de Jesus, as pessoas e as organizações religiosas se tornaram inquisidoras, intolerantes e arrogantes. O prejuízo causado por essas atitudes tem comprometido o avanço e o progresso do evangelho no mundo. Na Idade Média, o clero era temido pelo povo por causa de suas regalias e seus poderes temporais mais do que por sua força espiritual. Em todos os países de cultura judaico-cristã, sempre houve uma grande influência clerical nos negócios do Estado. No Brasil, o poder das autoridades religiosas foi muito notório até algumas décadas, e continua sendo, apesar das mudanças.

Hoje, há menos respeito para com os representantes de Deus, e a opinião pública tem sido dividida até mesmo no meio cristão quanto à autoridade pastoral. Tem havido falhas e muitos escândalos provocados por líderes religiosos, assim como o fanatismo de grupos extremistas. Isso tem piorado o conceito de liderança. A Bíblia nos chama a atenção para o fato de que não podemos nos deixar influenciar pelo julgamento incorreto de quem quer que seja.

Só quem pode nos julgar é Deus. Não devemos julgar ninguém, pois só Deus é justo juiz. Ele nos julgará, e se tomarmos o lugar dele para julgar os outros, seremos usurpadores. A exigência de Deus é que sejamos fiéis. No versículo 2 do texto de Paulo citado acima, vemos a exigência divina de sermos fiéis no cumprimento dos seus mandamentos.

Devemos servir como dispenseiros dos mistérios. Devemos nos mostrar ao mundo como portadores dos dons de Deus aos homens, como portadores das boas-novas de vida eterna para que haja mudança nos corações e a humanidade deixe de julgar a si mesma, submetendo-se ao julgamento de Deus.

Conhecemos o mistério do amor de Deus. Devemos transmiti-lo a todos ao nosso redor. Experimentamos a graça de Deus, que é o perdão dos pecados. Antes de emitir qualquer julgamento, devemos promover o perdão aos que nos ofendem e, assim, não estaremos na iminência de proferir julgamentos.

Temos a redenção em Cristo Jesus. Nós nos tornamos filhos de Deus por adoção. Precisamos resgatar a imagem de servos que servem. A missão do cristão não é julgar, mas servir, promover a reconciliação e demonstrar o perdão alcançado por intermédio de Cristo.

Precisamos agir como filhos de Deus e seguidores de Cristo. Devemos abandonar o desejo de julgar os outros, assim como a ambição por poder político e privilégios pessoais. Não podemos permitir ser julgados e condenados pelo mundo, pelos irmãos nem por nós mesmos. Não devemos ser juízes dos outros nem permitir que nos julguem, dando margem a que, devido aos nossos erros, às nossas omissões e à má conduta, haja escândalo no nosso meio e alguém se desvie do evangelho. Vivamos a fé cristã com fidelidade e dignidade.

A fidelidade ao Senhor, cumprindo sua ordem de não julgar os outros, é um aspecto importante da vida cristã e está diretamente ligada ao conceito bíblico de felicidade. Nem sempre temos coragem de viver sem julgar. Para nós, é muito fácil viver julgando. Por vezes, até iniciamos nosso discurso dizendo que não queremos julgar, mas pensamos e agimos achando que tal e tal pessoa vive de modo errado, pensa de modo errado e devemos evitar contato, até mesmo excluir do nosso relacionamento.

É falta de fidelidade ao Senhor querer tomar o lugar dele no trato com os nossos semelhantes. Queremos ser os juízes quando, na realidade, somos réus de juízo. Falta-nos dignidade quando somos causadores de escândalos que fazem outros tropeçarem e não somos capazes de pedir perdão, de reparar nosso erro e de nos penitenciar diante de quem temos sido pedra de tropeço. Precisamos ser capazes de reconhecer o erro e pedir perdão, assim como a dignidade de perdoar a quem nos tenha ofendido.

Para não sermos julgados pelos outros, devemos evitar o julgamento, as críticas, a severidade e a precipitação das conclusões que tiramos. Quanto mais nos tornamos juízes dos outros, mais somos levados a julgamento como réus.

Nosso egoísmo e nossa falta de amor nos fazem críticos contumazes de todos ao nosso redor. Achamos que ninguém tem méritos, ninguém é bom, julgamos que as pessoas não são confiáveis, pois não as amamos.

Veja a seguir alguns termos que ajudam na compreensão do texto lido:

- Julgar – Esta palavra deriva do grego. Significa criticar imerecidamente, discriminar, fazer uma censura injusta;
- Juízo – Ato de julgar, de culpar alguém por sua ação. Levar à condenação;
- Medida – A ideia aqui é o critério seguido para julgar os outros. O mesmo critério será seguido para nos julgar. Os critérios facciosos e tendenciosos são condenados por Jesus. A ameaça que recai sobre quem critica é a mesma que recai sobre o criticado.

2. Examinando-se a si mesmo – Mateus 7.3-5

> 3 E por que reparas tu no argueiro que está no olho do teu irmão, e não vês a trave que está no teu olho?
> 4 Ou como dirás a teu irmão: Deixa-me tirar o argueiro do teu olho, estando uma trave no teu?
> 5 Hipócrita, tira primeiro a trave do teu olho, e então cuidarás em tirar o argueiro do olho do teu irmão.

Novamente, Jesus mostra que a lei do amor deve prevalecer e que não podemos viver criticando os outros. O Senhor nos quer discípulos capazes de desenvolver a autocrítica e eliminar o julgamento alheio, como temos costume de fazer.

Encontramos o ensino de Paulo, com base neste de Jesus, sobre a celebração da ceia do Senhor. Na Primeira Carta aos Coríntios vemos a orientação de que cada um deve se examinar e só então beber do cálice e comer do pão. A ênfase que Paulo dá nos leva a uma reflexão sobre como, por vezes, estamos mais propensos a examinar os outros, talvez até para que não sejamos examinados pessoalmente. O ensino é que nossa autoavaliação deveria ser contínua em todos os momentos da nossa vida, pois, agindo assim, evitaríamos julgar os outros e ser por eles julgados.

Nosso exame pessoal deve acontecer para ver se encontramos algo que deva ser mudado. É um exame em caráter de humildade. Uma análise para ver se há algum caminho mau, como nos diz o salmista (Sl 139.24). Ser examinados com o desejo de purificação, de santificação para agradar a Deus. Uma verdadeira procura de "traves" nos olhos.

Parece-nos sempre mais fácil procurar ciscos nos olhos dos outros, mesmo que isso denote mais perspicácia, maior cuidado no exame, pois os ciscos são quase imperceptíveis. Nossa falta de amor é tão grande que, muitas vezes, conseguimos a façanha de, quase cegos pelo nosso pecado do tamanho de uma trave, ver um pequeno cisco (a redundância é necessária para aquilatar nosso esforço) nos olhos de outra pessoa.

Geralmente, quando vemos o cisco nos olhos dos outros, nossa atitude não é de amor para tirar o elemento estranho e inconveniente que, certamente, pode incomodar nosso irmão, mas é para fazer com que outros o vejam. Queremos julgar e condenar nosso irmão. Mais ainda, queremos colocá-lo em desgraça diante dos outros, pois vamos comentar, propagar e divulgar o fato. Mas, se cada um de nós se examinasse, faria uma análise pessoal que lhe seria útil, da mesma forma que é importante fazer autoexames regularmente de determinadas partes do corpo. Assim, preventivamente, podemos até detectar uma anomalia, cuidar, operar ou tratar.

Fazendo o exame do nosso olho, Jesus sugere que venhamos a nos tratar, a receber a cura, que é o perdão para o pecado e a restauração da nossa vida diante de Deus. Quando formos capazes de tirar a "trave" do nosso olho, poderemos, aí sim, com o espírito de amor, de cooperação e de conciliação, mostrar ao nosso irmão que Jesus Cristo pode limpar o olho dele, sua vida e sua alma.

Quando o Espírito Santo age em nós, passamos a ter um profundo amor para com os nossos semelhantes e desejamos mostrar-lhes o caminho da felicidade verdadeira. Movidos pelo combustível do amor, partimos à procura dos outros e passamos a dar-lhes a oportunidade de ver com clareza o amor de Deus.

Nossa vida modificada pela luz que entra em nossos olhos nos faz ver o pecado dos outros com amor e com a vontade de ver cada um perdoado pelo Senhor. Não desejamos contar os pecados dos outros para saber quantos são. Só queremos ver o sangue de Jesus lavando e purificando cada um. Examinando-nos a nós mesmos, percebemos como temos sido agraciados com o perdão de Deus e, assim, podemos compartilhar sua graça.

Para compreender certos termos usados nesta parte do livro, veja a seguir:

- Argueiro – Possivelmente trata-se de poeira ou cisco, podendo até ser uma pinta ou um escotoma (pequena mancha no campo visual, que aparece como um ponto ou uma pequena mosca). A aplicação é com respeito ao nosso julgamento de pecado;

- Trave – Uma lasca ou um corte de madeira. O argumento é de exagero para fazer com que a pessoa perceba que não está isenta de pecado na sua vida;

- Hipócrita – No contexto, o hipócrita é aquele que demonstra uma coisa e é outra. Ele não tem capacidade para julgar, pois sua hipocrisia o impede de ser justo. O hipócrita tem uma cegueira crônica, vive na escuridão do seu egoísmo e de sua falsidade. Ele é um doente dos olhos do coração e da alma.

3. Pérolas aos porcos – Mateus 7.6

6 Não deis aos cães as coisas santas, nem deiteis aos porcos as vossas pérolas, não aconteça que as pisem com os pés e, voltando-se, vos despedacem.

Aqui encontramos um dos textos mais controversos. Muitas ideias são tiradas deste único versículo. No entanto, não podemos isolá-lo do contexto em que se encontra, tampouco fazer dele um versículo contrário a todo o ensino de Jesus sobre a pregação do evangelho.

Jesus diz claramente que não podemos dar as coisas santas aos cães. Isso acontecia quando alguém deixava um pedaço do que era destinado ao sacrifício para os cães. Estes, não saciados de sua fome, avançavam para obter mais. Ou a ideia de um rico que, tendo muitas pérolas, lança para os porcos um pouco delas, tentando enganá-los como se fossem alimento, como um gesto insano ou só para se divertir.

A advertência dada por Jesus, de que os animais poderão se voltar contra quem assim procede, pode se tratar tanto dos cães quanto dos porcos, pois ambos, mesmo domesticados, tinham uma vida meio livre, não recebendo um tratamento cuidadoso e uma alimentação em quantidade suficiente para saciá-los. E a fome, sabemos, sempre foi e é despertadora de instintos primitivos. Além do desperdício, do desrespeito e da inutilidade do gesto, há a hipótese do perigo que se corre agindo de forma inconsequente.

No entanto, o ensino de Jesus mostra que há necessidade de sermos perspicazes ao falar do reino de Deus. Não se pode agir inconsequentemente na divulgação da graça de Cristo. As coisas santas são consideradas pérolas de grande valor. Sempre que Jesus conta as histórias envolvendo o reino de Deus, ele o compara a um grande tesouro, a uma grande pérola, pois o valor das bênçãos de Deus é imensurável.

Não se deve permitir que lugares, momentos e situações inconvenientes venham destruir a beleza da pregação da Palavra de Deus. Quando estivermos pregando e a atenção não estiver sendo dada, então, deve-se esperar a oportunidade mais adequada. Isso não significa que nunca mais se fale do amor de Deus a alguém que tenha se comportado indignamente, mas que, no momento e enquanto durar a atitude hostil e de oposição à pessoa de Cristo, deve-se abster de, figurativamente, jogar pérolas aos porcos ou coisas santas aos cães.

Durante muito tempo, tentou-se desencorajar a ação missionária da igreja devido a essa advertência de Jesus, mas precisamos sempre interpretar a Bíblia dentro de parâmetros de equivalência. Por isso, não há em nenhuma passagem bíblica pontos de discórdia e ensinos que se oponham uns aos outros. Precisamos interpretar a Bíblia com a própria Bíblia, dentro do contexto próximo, assim como no conjunto dos ensinos. Nenhum versículo isolado pode ser tomado como base para uma doutrina.

Jesus ensina que se deve ter respeito para com as coisas de Deus e, principalmente, para com a sua Palavra. Jogar pérolas aos porcos e fazer mal uso do evangelho é ridicularizá-lo com práticas que venham a difamá-lo ou torná-lo motivo de desdém.

Eis aqui alguns conceitos tratados neste texto:

- ◇ Cães – Os cães sempre infestaram as cidades do Oriente, assim como também as nossas. Esse animal, considerado imundo na época, tanto quanto o porco, que se domesticou desde as épocas mais antigas, sempre proliferou muito e se tornou inseparável dos homens. Na Palestina, os cães perambulavam pelas ruas e invadiam os lugares onde havia sacrifício de animais. Os cães não eram tratados com os cuidados de hoje, eram quase sempre errantes e sem dono fixo. Comiam animais mortos, carne putrefata e lixo. Tornavam-se violentos quando tinham fome, medo ou se sentiam ameaçados;

- Coisas santas – Coisas santificadas nos sacrifícios. Os sacerdotes menos escrupulosos, quando sacrificavam os animais nos atos de culto, costumavam jogar restos e pedaços de carne aos cães. A profanação das coisas sacrificadas a Deus é tida como pecado. Jesus condena a atitude, mas deseja dar uma ênfase de caráter espiritual;

- Porcos – Animais considerados imundos pela Lei judaica, que servia de alimento só para os gentios. Não eram criados em cativeiro, mas em semiliberdade, sendo alimentados normalmente com grãos de ervilhas ou frutos de alfarrobas;

- Pérolas – Havia grande quantidade de pérolas no Mar Grande, que é o Mediterrâneo. A ideia era a de um homem muito rico que se divertia jogando pequenas pérolas aos porcos, como os novos ricos que acendem seus charutos com cédulas de dinheiro.

4. Tempo de orar é tempo de pedir e esperar – Mateus 7.7-11

> 7 Pedi, e dar-se-vos-á; buscai, e achareis; batei e abrir-se-vos-á.
> 8 Porque, aquele que pede, recebe; e, o que busca, encontra; e ao que bate, abrir-se-lhe-á.
> 9 E qual de entre vós é o homem que, pedindo-lhe pão o seu filho, lhe dará uma pedra?
> 10 E, pedindo-lhe peixe, lhe dará uma serpente?
> 11 Se vós, pois, sendo maus, sabeis dar boas dádivas aos vossos filhos, quanto mais vosso Pai, que está nos céus, dará bens aos que lhe pedirem?

A oração é, por vezes, muito mal entendida:

1. Ela não pode ser uma ordem da pessoa a Deus. Deus é o Senhor, nós somos servos. O servo não dá ordens; ele as recebe;
2. Ela não pode ser uma determinação ou imposição do homem. Não estamos em condições de impor nada a Deus e sim, de implorar sua clemência e misericórdia;
3. Ela não pode ser uma cobrança a Deus. Deus nada nos deve, nós é que somos devedores a ele;
4. Ela não pode ser uma luta contra Deus. Nossa luta deve ser para fazer a vontade dele. Caso venhamos a lutar com Deus, certamente sairemos vencidos, derrotados, feridos e marcados como Jacó, cujo nome foi mudado para Israel, "aquele que luta com Deus", mas passou a coxear para o resto da vida (Gn 33.24-32);
5. A oração deve ser uma busca da vontade de Deus. Ao fazermos isso, devemos esquecer nossa própria vontade, nosso querer e nossas ambições pessoais;

6. A oração deve ser uma espera do tempo de Deus. Mesmo que, aparentemente, demore e achemos que deveríamos ser atendidos mais rapidamente, precisamos nos lembrar de que "tudo tem seu tempo certo". Mesmo que nossa ansiedade se torne grande, tudo será esclarecido no tempo determinado por Deus;

7. A oração deve ser a prova da fé do justo. Orar com fé significa esperar com confiança pela realização da vontade de Deus na vida do justo. Orar com fé significa também andar com convicção, sem a necessidade de ver milagres, sinais e prodígios, mas apenas sentir a presença de Deus, sua paz e seu amor;

8. Orar é esperar no Senhor e viver pela fé, e não por vista. Deus é nosso Pai e seu amor para conosco é imenso. Em hipótese alguma ele agiria como é descrito nesta lição de Jesus. Nem mesmo os homens mais perversos são capazes de dar voluntariamente aos seus filhos algo que lhes faça sofrer. Deus, que é amor, só nos dá o que nos é útil, necessário e bom. Esperando em Deus, ele vai nos abençoando por meio da oração. Jesus nos estimula a orar e nos mostra que sempre, e em todas ocasiões, podemos confiar nele.

Para melhor compreensão de alguns conceitos, acrescentamos as observações a seguir:

- ◇ Pedra no lugar do pão – Havia na Palestina pedras que eram parecidas com os pães usados naquela ocasião. O formato e a cor de algumas pedras lembravam os pães. Talvez até fosse comum ter brincadeiras como a ilustrada por Jesus, mas nenhum pai, na hora da refeição, ofereceria pedra em lugar de pão para o filho comer;

- ◇ Serpente no lugar do peixe – Mesmo havendo peixes com aparência de serpente, de cobra, vemos aqui Jesus falando de uma troca de produto que serviria até para matar uma criança ou mesmo um adulto. As serpentes da região de Jesus eram venenosas e capazes de matar.

5. A recíproca ensinada na lei – A regra de ouro para a felicidade no relacionamento interpessoal – Mateus 7.12

12 Portanto, tudo o que vós quereis que os homens vos façam, fazei-lho também vós, porque esta é a lei e os profetas.

Jesus mostra a seus discípulos que todo relacionamento com outras pessoas está previsto na lei dada por Moisés ao povo de Deus e na revelação que os profetas interpretaram ao longo dos séculos. As leis que formam os Dez Mandamentos e todas as outras leis desenvolvidas ao longo da história de Israel tinham o objetivo de mostrar a responsabilidade social do homem, evidenciando o relacionamento interpessoal e, também, sua necessidade de se colocar diante do Criador para adorá-lo.

Jesus disse: "Não penseis que vim revogar a lei e os profetas; não vim revogar, vim cumprir" (Mt 5.17). As versões em linguagem direta trazem a declaração de que Jesus veio para dar o sentido completo à lei e aos profetas.

Quando, em outra ocasião, Jesus estava em Jerusalém, após ter feito os saduceus se calarem, foi arguido pelos fariseus com o objetivo de conseguir provas contra ele. Perguntaram a ele: "Mestre, qual é o mais importante de todos os mandamentos da lei?" (Mt 22.36-40). Jesus respondeu:

> [...] Amarás o Senhor teu Deus de todo o teu coração, e de toda a tua alma, e de todo o teu pensamento. [...] Destes dois mandamentos dependem toda a lei e os profetas.

Quando Jesus toma todos os ensinos dos profetas e todas as leis do Antigo Testamento e os engloba em apenas dois grandes mandamentos, está cumprindo aquilo para que veio ao mundo: "Não pensem que vim revogar, não vim para acabar com a lei mas, sim, para dar-lhe um sentido novo", dando essa nova roupagem e esse novo espírito de justiça e de vida espiritual.

Nosso relacionamento com o próximo sempre foi tônica nos ensinos de Jesus. Até a visão do próximo precisou ser reformulada. "Quem é o meu próximo?", perguntaram-lhe certa feita, pois havia a teoria de que o próximo era apenas aquele que fosse da mesma família, portanto, um parente ou amigo. Jesus vai mostrar em uma de suas parábolas que haveria necessidade de mudar o conceito de próximo, dando uma dimensão nova. O próximo é o outro, seja ele do círculo mais íntimo de relacionamento ou não.

Na parábola do bom samaritano (Lc 10), Jesus mostra que a visão do outro no relacionamento interpessoal precisava ser reformulada. Ele revela que as pessoas tinham várias formas de pensar e ver a existência, que poderiam ser chamadas filosofias de vida. Havia personagens diferentes, com filosofias diversas:

- Os ladrões tinham a filosofia do "o que é teu é meu", por isso roubavam;
- O sacerdote tinha a filosofia do "o que é meu é para os meus", por isso, nada tinha a ver com os outros;
- O levita tinha a filosofia do "o que é meu é meu", portanto, nada deu ao necessitado;
- O samaritano tinha a filosofia do "o que é meu é de Deus", por isso, deu a quem necessitava.

Fazer aos outros o que gostaríamos que fizessem conosco, caso estejamos nas mesmas circunstâncias, é a lei áurea do relacionamento humano. Temos perdido alguns princípios de etiqueta e de bons costumes, e vemos se deteriorarem as relações interpessoais. Estamos chegando a ponto de agressões banais serem constantes no trânsito, de pessoas reagirem com uma força descomunal para fazer prevalecer seus direitos, opiniões ou demonstrar o descontentamento. As simples expressões, que podem mudar a dinâmica de um relacionamento inicial, são chamadas cinco palavrinhas mágicas:

a) Com licença;

b) Por favor;

c) Desculpe-me;

d) Obrigado;

e) Bom-dia (boa-tarde, boa-noite).

Estas simples formas de relacionamento fazem uma diferença muito grande na qualidade das interações entre as pessoas. Fazer aos outros o que queremos que nos seja feito é ser educado, respeitador e polido. Na verdade, é amar o próximo como a si mesmo, preconizado por Jesus.

6. O poder de abrir a porta e de andar no caminho da felicidade – Mateus 7.13,14

> 13 Entrai pela porta estreita; porque larga é a porta, e espaçoso o caminho que conduz à perdição, e muitos são os que entram por ela; 14 E porque estreita é a porta, e apertado o caminho que conduz à vida, e poucos há que a encontrem.

Entrar pela porta do céu não é um direito que o homem tem, mas é resultado da graça que Deus concede. O poder dado a todos de abrir a porta dos céus é o poder da humildade no exercício da fé.

Em Efésios 3.20 vemos o poder da graça que Deus oferece ao cristão: "Ora, àquele que é poderoso para fazer tudo muito mais abundantemente além daquilo que pedimos ou pensamos, segundo o poder que em nós opera, a esse seja glória na igreja e em Cristo Jesus, por todas as gerações, para todo o sempre. Amém".

Esse poder está relacionado com a possibilidade de escolha de entrar pela porta que dá acesso à bênção e à salvação, afastando-se da porta que abre um caminho de destruição da comunhão com o Pai celestial.

Vivemos tempos em que alguns religiosos se julgam com todo poder e outros, sem nenhum. Uns buscam poder em grupos, movimentos e até mesmo em indivíduos que se dizem inspirados e se passam por milagreiros e líderes carismáticos. Há aqueles que estão querendo demonstrar poder espiritual pelo poder econômico-financeiro.

O poder vem de Deus, pois só ele é Todo-poderoso. O cristão não tem poder de si mesmo. O poder espiritual não é inato. A pessoa passa a ter o poder do Espírito Santo que opera nela a partir do momento que entrega a vida a Deus. Só ele tem o poder de abrir a porta dos céus para o ser humano, e o faz deixando-nos entrar devido ao seu grande amor.

O cristão não pode entrar pela porta estreita por sua própria vontade, nem para o próprio proveito. O alvo do exercício do poder de cada pessoa é a glória de Deus. Só podemos exercer o poder do Espírito Santo em nós para cumprir a vontade de Deus. Nossa possibilidade de entrar pela porta é pelo fato de sermos seguidores de Cristo, que dá o poder de sermos libertados do pecado.

O cristão tem o poder de destruir as obras do pecado e de vencer o inimigo de Deus, assim entrando pela porta estreita e caminhando no caminho estreito. Em Tiago 4.7 lemos: "Resisti ao Diabo e ele fugirá de vós". Assim conseguiremos, pelo amor de Deus, viver longe do caminho que conduz à perdição e seguir rumo à felicidade. Em João 14.12-14 descobrimos que tudo pode ser conseguido no nome de Jesus Cristo, em consonância com a vontade do Pai.

O poder de Deus para o cristão é uma vida abundante:

⋄ Abundância de vida = Vida eterna;
⋄ Abundância de felicidade = Vida de comunhão;
⋄ Abundância de realizações = Vida de frutos.

O poder para o que crê em Deus é uma vida nos parâmetros do evangelho. Ter poder é ter Cristo Jesus como Senhor, pois ele realmente é quem tem todo o poder no céu e na terra (Mt 28.18).

Quase na conclusão do seu discurso, Jesus toma alguns elementos já claros no conjunto do sermão e enfaticamente conduz os ouvintes a tomar decisões importantes.

Quando pregadores apresentam o evangelho como um céu na terra ou um mar de rosas sem espinhos, estão deixando de levar em consideração o custo elevado de um engajamento sério que é requerido de todos os que queiram viver para Cristo.

Ao ensinar que todos os problemas serão resolvidos, todos os males serão sanados, doenças serão curadas, dores serão eliminadas e que a prosperidade material acontecerá como num passe de mágica, aqueles que assim o fazem rebaixam o evangelho a uma condição mítica e sem fundamento bíblico, pois passam a atrelá-lo às coisas materiais sem sua verdadeira vocação, que é de caráter espiritual.

Jesus impõe aos seus seguidores uma rígida e séria caminhada para um aperfeiçoamento do espírito de amor, fidelidade e submissão à vontade de Deus. O homem precisa entrar no reino de Deus pela porta de entrada e caminhar num caminho sem desvios, sem retorno e sem alternativas.

O evangelho de Jesus Cristo é composto de elementos que decorrem da fé, da submissão e da renúncia. Passar pela porta estreita e caminhar pelo caminho difícil é fazer face às exigências de Jesus aos seus discípulos; é aceitar as condições radicais que são impostas a todos os que aceitam seguir o Mestre da Galileia.

Não há dúvida de que cada pessoa pode escolher seguir ou não a Jesus, por isso, são apresentados dois caminhos e duas portas de entrada, uma para cada caminho. Uma vez escolhendo a porta estreita, do outro lado se encontra um único caminho a seguir. A partir daí, não há mais escolha.

Temos diante de nós dois caminhos para trilhar, mas, estando no caminho de Cristo, não há mais alternativas: ou se vive como o cristão deve viver ou se está fora do

Caminho. Durante muito tempo, e ainda hoje em alguns lugares, a igreja de Jesus é chamada "O Caminho" (At 9.2; 19.23). A ideia que se tem é de que há, na realidade, um só caminho para o ser humano, pois fora dele não há vida. Só há um caminho que leva à vida.

A entrada estreita da porta é como a entrada das cidades. Tem-se a impressão de que a entrada é grande, mas basta sairmos pela manhã, na hora de maior movimento, e percebemos que as vias de acesso para o centro da cidade são, na verdade, muito pequenas e estreitas. Os carros se amontoam, se congestionam, se engarrafam num emaranhado tão grande que se tem a impressão de que não caberá todo mundo naquele local. Quando ocorre uma volta de férias e de feriados prolongados, como é difícil entrar pelas portas estreitas das cidades.

É necessário paciência, perseverança e constância para se entrar na cidade, para retornar para casa. As vias de acesso se tornam muito estreitas e há uma grande disputa para se conseguir lugar. Jesus diz que é assim que deve acontecer: "Porfiai por entrar pela porta estreita; porque muitos procurarão entrar e não poderão" (Lc 13.24).

Tenho pensado nesse exemplo de Jesus cada vez que preciso tomar o metrô na hora de maior movimento. Chega o trem, as portas se abrem, mas não se consegue entrar. A porta do vagão, que antes parecia tão grande quando não há movimento, agora é estreita, apertada, de difícil acesso e, além de tudo, fecha-se tão rapidamente que inúmeras pessoas ficam do lado de fora.

O caminho do mundo conduz à perdição, isto é, ao inferno. O caminho que Jesus coloca diante do homem é o Caminho da felicidade. Infelizmente, muita gente tem escolhido o primeiro e se deixado levar pela aparente facilidade da entrada espaçosa e da largura confortável do caminho.

Voltando ao exemplo do metrô, tenho observado que sempre que estou na minha estação de periferia, tentando ir para o centro da cidade na hora de pico, os trens que vão na outra direção são mais tentadores. Eles estão vazios, tendo até mesmo bancos que, se eu nele entrasse, poderia viajar sentado e, confortavelmente, continuar a leitura de meu livro.

O "caminho da felicidade" não vai na mesma direção do caminho da perdição. A escolha da porta e do caminho nos leva a ter um destino diferente. Boa escolha significa boa porta e bom caminho. O outro conduz para um destino errado, sombrio e sem felicidade.

O caminho largo não traz a exigência do perdão aos que nos ofendem, nem de andar a segunda milha, de oferecer a outra face, de não mentir, de não adulterar, de não odiar e tantas outras condições que nos são expostas por Jesus. As exigências de Cristo são para os seus discípulos, portanto, para os que seguem pelo caminho.

Andar pelo caminho é andar de tal forma que se pode ter íntima comunhão com Jesus, pois ele é o caminho, a verdade e a vida. Ele é também a porta que nos conduz ao "caminho da felicidade" permanente e eterna. Andar com Jesus é ter a verdadeira vida.

Makários. A verdadeira felicidade só a encontramos em Jesus. Não somos felizes por sofrermos qualquer tipo de limitação, por sermos pobres, porque outros nos odeiam, porque nos obrigam a andar algumas milhas ou seja lá qual for nosso sofrimento. Somos felizes por termos Jesus como nosso Senhor e Salvador. Ele é a nossa alegria.

A seguir, algumas definições para compreender melhor e identificar pontos do texto:

- Perdição – Algumas traduções trazem "inferno". Perdição é a vida eterna sem Deus. O caminho de facilidades e de bem-estar aparentes levam a uma vida de sofrimento eterno e de castigo no inferno, longe de Deus;

- Vida – Há uma diferença entre viver e existir. Sem Deus, o homem apenas existe, não vive. O Novo Testamento deixa isto claro: a vida só tem seu verdadeiro sentido em Cristo. Nele temos a vida (Jo 1.4).

7. Advertência contra os destruidores da felicidade – Mateus 7.15-20

> 15 Acautelai-vos, porém, dos falsos profetas, que vêm até vós vestidos como ovelhas, mas, interiormente, são lobos devoradores.
> 16 Por seus frutos os conhecereis. Porventura, colhem-se uvas dos espinheiros, ou figos dos abrolhos?
> 17 Assim, toda árvore boa produz bons frutos, e toda a árvore má produz frutos maus.
> 18 Não pode a árvore boa dar maus frutos; nem uma árvore má dar frutos bons.
> 19 Toda árvore que não dá bom fruto corta-se e lança-se no fogo.
> 20 Portanto, pelos seus frutos os conhecereis.

Charlatães e falsários existem em todos os ofícios do mundo, até mesmo entre os profetas. Os divulgadores de novas doutrinas, novas interpretações da Bíblia e novas revelações a serem adicionadas à Palavra de Deus são mais comuns do que pensamos. Eles estão, muitas vezes, ao nosso lado nas igrejas que frequentamos.

Recordo-me de um diácono antigo de uma determinada igreja que não cria que Jesus Cristo fosse Deus. Ensinando-lhe a doutrina bíblica da divindade de Jesus, ele me dizia que nunca nenhum pastor se importou com o fato de ele não crer em Cristo como Deus. Certamente, ele nunca tinha deixado clara sua falta de fé em Jesus, o Deus que veio em forma de homem, nascido de uma virgem, para tirar o pecado do mundo. Esse diácono não aceitou Jesus como Senhor, pois o senhorio de Cristo implica a sua condição divina.

Jesus nos coloca em guarda contra essas situações, posto que já em seu tempo isso acontecia, e também por seu conhecimento de todas as coisas, sabendo o que viria a ocorrer séculos e milênios após o seu ensino.

Novas religiões surgiram trazendo novos textos tidos como sagrados. Novos "evangelhos" estão circulando, trazendo confusão e dissensão até mesmo entre os seguidores genuínos de Cristo. Precisamos estar em constante alerta, prestando muita atenção ao que ouvimos para não nos contaminarmos com heresias.

O mundo moderno está marcado pela tecnologia da igreja eletrônica, a igreja em casa via televisão ou computador, onde pregadores de todos os níveis intelectuais, culturais, religiosos e alguns até com problemas de ordem emocional e psicológico estão sendo os instrutores de gerações e gerações de cristãos. As mídias, que têm prestado um ótimo serviço na divulgação do reino de Deus, têm sido também o grande meio divulgador de falsas doutrinas, falsos evangelhos e falsos cristos.

Cuidado com os falsos profetas. Eles chegam disfarçados de ovelhas, mas são lobos devoradores. Jesus diz que seremos capazes de conhecê-los por meio de seus frutos, isto é, pelo que fazem. Nem sempre conseguimos sair das garras de lobos ferozes sem antes deixarmos um pedaço de nós mesmos. Na luta para sairmos das garras do lobo, perdemos um pedaço da paz, da harmonia, da tranquilidade, do ânimo e, muitas vezes, até da fé. Precisamos ver os frutos, os atos e as mensagens na sua totalidade, não apenas uma parte.

Quando nos encantamos com alguns métodos, precisamos examinar o conjunto todo. Devemos ver quais são as intenções do mensageiro, se estão adequadas todas as suas atitudes e seus ensinos ao conjunto da Palavra de Deus. Precisamos nos lembrar dos ensinos bíblicos, em particular o que Paulo disse sobre examinar todas as coisas e só reter o que é bom (lTs 5.21). Precisamos ainda perceber se todas as doutrinas ensinadas estão em conformidade com a vontade de Jesus. Quando uma parte da doutrina vai de encontro com o ensino bíblico, não podemos aceitar absolutamente nada, pois uma parte contamina o todo.

Aparentemente, só são enganados os que querem levar vantagens. Mas há também os crédulos, incautos e ingênuos que se deixam levar pelos que são mais espertos e fazem de Deus uma espécie de aliado do mal, como se isso fosse possível, e em nome de Deus cometem crimes diversos. Jesus adverte seus discípulos: "Acautelai-vos".

A cautela está em não confiar no ser humano. Precisamos examinar, conferir e observar atos e palavras. A conferência ou exame não deve seguir nossas tendências ou gostos pessoais. O critério não é nossa preferência, mas o ensino de Jesus. Está correto com o princípio bíblico? Então, podemos aceitar. Está conforme as ordens de Jesus? Podemos seguir. Se há falta ou excesso, devemos rechaçar, pois não agrada a Deus.

O único meio de conhecermos os profetas é pelo que fazem, e não pelo que dizem. Conhecemos, por meio do exame de suas ações, se estão ou não agindo segundo seus ensinos. O profeta só diz o que Deus lhe manda dizer. O profeta é o porta-voz de Deus. O profeta que cria uma mensagem é falso. O verdadeiro profeta só transmite o que Deus quer. Ele não cria, não inventa, não modifica, não acrescenta e não diminui nada da profecia. O verdadeiro profeta é autêntico.

O ensino do Mestre é que devemos cortar a árvore ruim. Isso não significa que nos insurgiremos contra os falsos profetas, as religiões diversas, os pregadores que enganam os cristãos e os seguidores de todas as seitas, mas que os tiraremos do nosso raio de relacionamentos, pois não podemos nem queremos ser envenenados pela mentira que proferem.

Cortar a árvore ruim é tirar do nosso meio aquele que ensina mentiras, que pratica coisas contrárias à Bíblia. Não se trata de tirar a vida ou de fazer retaliações contra essa pessoa. Devemos ensinar a verdade, mas se ela não aceita a mensagem da Palavra de Deus, não é alguém que deva fazer parte do nosso círculo de fé.

Os falsos profetas são destruidores da felicidade de vida com o Jesus. São cobradores de ações legalistas e não têm amor ao próximo nem o temor de Deus. Procuram atrair fiéis sem se preocupar em fazer discípulos. Jesus chamou homens nas margens do Lago de Tiberíades com o propósito de torná-los pescadores de almas. Seus discípulos hoje devem ser capazes de fazer outros discípulos, transmitindo as palavras de vida eterna.

Jesus nos ensina a ter cautela e tomar cuidado com os falsos mestres e profetas enganadores, que se constituem verdadeiros destruidores da felicidade momentânea, passageira, mas que pode ter consequências para a vida eterna. Precisamos construir nossa felicidade com os elementos básicos da fé em Deus e nosso amor ao próximo.

Quando os falsos profetas saem a campo, eles fazem isso com o desejo de ver muitas pessoas atrás deles. O verdadeiro profeta sai para ensinar o que Deus deseja que o ser humano aprenda, e pouco se preocupa com sua própria pessoa. A vontade do profeta é que Cristo apareça, cresça e que ele próprio diminua.

O verdadeiro profeta quer dar frutos para a vida eterna, enquanto o falso quer ter adeptos que o sigam. O verdadeiro profeta visa ao crescimento do reino de Deus; o falso deseja ver seu negócio eclesiástico prosperar.

O verdadeiro profeta fala de Cristo; o falso prega coisas como cura, prosperidade, riquezas e bens materiais. O ensino do verdadeiro profeta é a salvação pelo sangue de Jesus. O falso mostra que a prática religiosa com muito barulho, movimento, transes e manifestações miraculosas leva o cristão a Deus.

Acrescentamos, a seguir, mais tópicos com definições para facilitar a compreensão do texto:

- Profeta – Aquele que fala em nome de Deus. Porta-voz, intérprete ou proclamador. Aquele que anuncia. Hoje, poderíamos tomar os líderes que ensinam a Palavra de Deus como profetas;

- Uvas – As parreiras de uva, quando abandonadas, tornavam-se terreno fértil para a proliferação de abrolhos, mas, evidentemente, era impossível ter colheita em tais circunstâncias;

- Abrolhos – Planta rasteira e espinhenta que nasce em terrenos pedregosos, também uma espécie de espinheiro que cresce em vinhas que não são cuidadas;

- Lançada no fogo – Toda árvore plantada em um pomar deve produzir frutos. Sua missão é dar frutos para a alimentação, e se ela não produz, deve ser cortada para dar lugar a outra que produza. Toda árvore cortada vira lenha, vai para o fogo. O ensino espiritual é que, quando um profeta não dá os frutos que lhe são exigidos, está ocupando o lugar de outro, portanto, deve ser lançado no fogo do inferno, pois está destruindo o reino de Deus.

8. A felicidade perdida – Mateus 7.21-23

> *21 Nem todo o que me diz: Senhor, Senhor! entrará no reino dos céus, mas aquele que faz a vontade de meu Pai, que está nos céus.*
>
> *22 Muitos me dirão naquele dia: Senhor, Senhor, não profetizamos nós em teu nome? e em teu nome não expulsamos demônios? e em teu nome não fizemos muitas maravilhas?*
>
> *23 E então lhes direi abertamente: Nunca vos conheci; apartai-vos de mim, vós que praticais a iniquidade.*

Não basta apelar para o nome de Jesus. Não basta dizer que seu nome tem poder. Não basta colocar um adesivo no carro ou usar uma camiseta com um versículo bíblico para ter acesso ao reino de Deus. Para passar pela porta, é necessário ter os pecados perdoados por Jesus. Só assim se tem acesso ao reino de Deus.

O fim dos tempos foi a grande preocupação do fim do século 20, mas continua sendo hoje, como se pode constatar em filmes, livros e programas de TV que satirizam a Bíblia. São pessoas que escarnecem de Deus e cujas vidas estão cheias de iniquidade. Note o que diz Judas – o irmão de Jesus – no versículo 19: "Estes são os que causam divisões; são sensuais, e não têm o Espírito". São aqueles que não são capazes de compreender as coisas de Deus. "São os que causam divisões, estes seres "psíquicos", que não têm o Espírito" (Nova Edição Revista da Bíblia de Jerusalém – Paulus).

Mas os que são de Cristo e foram resgatados do pecado devem viver uma vida de pureza e dedicação, pois foram libertados pela misericórdia para a vida eterna. É requerida de cada um a obediência aos mandamentos divinos. Os ensinos de Jesus devem ser praticados como ele tem mandado, e não com as adaptações que por vezes queremos fazer.

Dizer "Senhor, Senhor", mas não estar disposto a seguir o Senhor Jesus, a obedecê-lo em tudo e permitir que o Espírito Santo comande alma e coração, isto é, pensamento e sentimento, vontade, desejos, planos e ambições colocados nas mãos de Deus, não dá direito a entrar no reino. Mas, procurar fazer com que cada dia seja orientado pelo Pai agrada a Deus.

Muitos dirão: "Senhor, nós profetizamos no teu nome"; outros terão expulsado demônios; outros ainda terão realizado muitos milagres usando o nome do Senhor, mas ouvirão a dura sentença: "Afastem-se de mim".

Não basta ser religioso, não basta praticar atos religiosos, não basta usar o nome de Jesus. É necessário que aconteça o que o Mestre disse a Nicodemos: "Importa renascer". O novo nascimento é a única maneira que o homem tem para se tornar filho de Deus, tendo, assim, entrada garantida perto do Senhor. O novo nascimento é espiritual e não pode ser medido com atitudes humanas, mas com a conversão do coração a Deus e entrega total a ele.

Não podemos nos deixar enganar. Os falsos profetas estão aí, demonstrando que podem até fazer milagres, mas isso não significa que seja obra de Deus. Muitos que estão realizando alguma coisa que justifica os aplausos das pessoas receberão juízo.

Para melhor compreensão de alguns termos citados no texto, acrescentamos:

- ◊ Demônios – Existe um único Satanás, chamado Lúcifer ou Diabo, mas muitos demônios, que são os anjos caídos;
- ◊ Iniquidade – O próprio mal. Praticar a iniquidade é fazer o mal, desejar o mal e viver no pecado.

9. A felicidade da Palavra de Deus – Mateus 7.24

24 Todo aquele, pois, que ouve estas minhas palavras, e as pratica, assemelhá-lo-ei ao homem prudente, que edificou a casa sobre a rocha.

Do texto acima, podemos abstrair algumas declarações importantes. Para começar, a Bíblia Sagrada é a nossa única regra de fé. Ela é direta e soberanamente inspirada por Deus. Inspiração, no caso, é o relacionamento objetivo de Deus com os redatores no registro da Palavra, o que significa envolvimento e influência divina. É também a atividade do Espírito Santo, dirigindo os redatores humanos para que comunicassem, por meio de seus escritos, a Palavra de Deus à humanidade. Inspiração é o sopro de Deus sobre os escritores sacros (2Tm 3.16). Toda Escritura é divinamente inspirada (soprada).

Inspiração é a condução de Deus sobre os escritores santos (1Pe 1.21): "Os homens da parte Deus falaram movidos (conduzidos) pelo Espírito Santo". É a imposição de Deus sobre os autores: "[...] estendeu o Senhor a mão, e tocou-me na boca; e disse-me o Senhor: eis que ponho as minhas palavras na tua boca" (Jr 1.9).

A Palavra foi revelada. Deus se revela a todos os homens por meio da consciência e da natureza, assim como se revela na Bíblia e conclui sua revelação em Jesus Cristo, o *logos* (palavra) de Deus. Assim, podemos dizer que:

- A Bíblia nos faz conhecer Deus;
- A Bíblia nos faz compreender a vontade de Deus;
- A Bíblia é a forma material da revelação especial de Deus;
- A Bíblia nos traz a clareza da vontade de Deus.

Portanto, cremos na Bíblia como sendo a verdadeira e única Palavra de Deus revelada aos homens.

A segunda declaração importante é que a Bíblia é a Palavra de Deus, única regra e prática para a vida espiritual do homem regenerado. Como tal, ela deve ser reconhecida como:

- Autoridade máxima – Não há outro escrito com o seu valor;
- Palavra absoluta de Deus – A Bíblia é, e não apenas *contém* a Palavra de Deus;
- Revelação da vontade de Deus – Deus fala conosco por intermédio da Bíblia;
- Palavra infalível – Ela não engana e não tem falha.;
- Palavra inerrante – Ela não erra.

A terceira declaração importante: a Bíblia deve ser interpretada com a própria Bíblia. Sendo Escritura Sagrada, ela deve ser compreendida a partir da própria Escritura, levando em conta as diversas formas literárias que devem ser respeitadas como poesia, prosa, parábolas, alegoria, fábula, assim como os contextos histórico e gramatical devem também ser levados em consideração. As Escrituras só podem ser interpretadas corretamente pelo Espírito Santo.

Um quarto ponto muito importante diz respeito à nossa atitude para com a Bíblia, que deve ser de:

- Respeito – Devemos vê-la como autoridade;
- Reverência – Devemos tê-la como divina;
- Submissão – Devemos senti-la como superior;

⋄ Obediência – Devemos colocá-la em prática nas questões éticas, levando uma vida de integridade nos negócios, na palavra, nas interações e no trato com os outros, assim como nas questões morais, vivendo nossa vida correta e com princípios elevados, e também nas questões espirituais, buscando servir a Deus com uma vida de dedicação absoluta.

Concluindo: obedecer significa ser perseguido em nome do evangelho e não desfalecer. Compreender que a responsabilidade do cristão é individual, pessoal e intransferível, tendo só a Bíblia como fonte de sabedoria e regra de vida e de prática. Precisamos aceitar a Bíblia, com seu ensino que corrige, repreende e instrui, como a vontade de Deus que nos leva ao caminho da felicidade que apresenta a perfeição, que é Deus.

10. A felicidade da construção segura – Mateus 7.25-27

> 25 E desceu a chuva, e correram rios, e assoparam os ventos, e combateram aquela casa, e não caiu, porque estava edificada sobre a rocha.
> 26 E aquele que ouve estas minhas palavras, e não as cumpre, compará-lo-ei ao homem insensato, que edificou a sua casa sobre a areia;
> 27 E desceu a chuva, correram rios, e assopraram ventos, e combateram aquela casa, e caiu; e foi grande a sua queda.

Jesus, conhecedor que é do espírito humano, conta uma história que, sendo própria do seu tempo, é atual nos nossos dias: edificações que desabam devido à forma e à maneira de construção.

Já nos primórdios da história, vemos o homem sendo inconsequente ao aceitar a proposta de Eva, sem refletir em suas implicações. Da mesma maneira, uma parte da humanidade decidiu construir um edifício (Babel) que atingisse o céu. O estrondo dos desabamentos de casas, pontes, plataformas submarinas, hotéis e outras construções, provocado ou espontâneo, ressoa em nossos ouvidos todos os dias.

Jesus quer mostrar que o que acontece com a arte da construção civil ocorre também com a edificação de vidas. As pessoas, por vezes, não estão interessadas no material usado para construir sua vida. Elas não enxergam a necessidade de fazer alicerces fortes e profundos que impliquem solidez para sempre.

Esse tem sido também o mal dos casamentos. Pessoas se unem sem terem primeiro construído o alicerce da compreensão e do conhecimento mútuo. Conhecem-se superficialmente e, dentro de pouco tempo, surgem as trincas e rachaduras do desapontamento e da discórdia. A falta de condições econômicas e materiais faz também com que estremecimentos surjam, e se todos os elementos não forem bem preparados, poderá também vir a acontecer a ruína. E a felicidade tão sonhada vira um pesadelo.

Mas é, sem dúvida, a falta do elemento mais importante que tem decretado a destruição da maioria dos casamentos. Trata-se do amor verdadeiro, que não é baseado só na aparência física, no desejo sexual ou na vontade de se ver livre da casa dos pais ou da condição de celibatário.

O amor é indispensável no sucesso do casamento. Mas o amor é um sentimento que nos vem de Deus, e não apenas uma decisão pessoal e egoísta de se querer alguém. Precisamos buscar sempre na fonte inesgotável do amor, que é Deus, os materiais para a construção, conservação e preservação do verdadeiro amor em nosso lar.

Mas a outra lição de sumo valor que Jesus nos apresenta na parábola das duas casas é a construção da vida eterna. O ser humano só tem existência na terra pelo fato de ser criatura de Deus, que fez o homem à sua imagem e semelhança para que viva eternamente.

A vida das pessoas na terra é ligada à matéria, e elas não poderão se desvencilhar dela, a não ser por meio da morte física. Mas a vida do homem não terminará com a morte física, que é apenas a morte do corpo, da matéria, e não do espírito que veio de Deus e para ele deve voltar. O singelo exemplo de Jesus sobre dois homens que constroem suas casas, mas o fazem sobre fundamentos diferentes, é a constatação de pessoas que estão vivendo a vida de forma inadequada. Vivem sem saber o que há de acontecer dentro em breve.

A prudência e a imprudência estão sempre diante de nós. Nossos caminhos são cheios de oportunidades para que vivamos de maneira imprudente ou prudente quase que alternadamente. Isso ocorre no trânsito, quando tomamos os devidos cuidados e somos cumpridores das regras e normas do código nacional. No entanto, quando estamos apressados ou distraídos, deixamos a prudência de lado e entramos numa rua na contramão, fazemos uma conversão proibida ou excedemos o limite autorizado de velocidade.

Justificamos nossa imprudência pela pressa, por estarmos atrasados para um determinado compromisso ou por qualquer outra razão que julguemos válida e imperiosa, mesmo que não o seja. O motivo que nos levou à imprudência, no entanto, não justifica nosso ato nem nos indulta do erro e da culpa.

Os vendavais se abatem sobre a casa da nossa vida em forma de doenças e enfermidades. A chuva de dificuldades vai minando e trazendo dissabores, decepções e enxurradas de problemas de toda ordem. A casa fica tremendo e balançando, demonstrando a fragilidade dos alicerces. Essas coisas fazem da vida um martírio. De vez em quando, constatamos novas rachaduras nas paredes. As rajadas de vento que sopram com força podem destelhar. O ambiente interno e externo se deteriora. A ansiedade vai crescendo até se tornar desespero e fracasso total.

Jesus está mostrando, neste ensino dos dois construtores, que é indispensável manter a vida sobre a rocha divina, e não sobre a areia das falácias humanas. Não podemos viver em um mundo de fantasias espirituais, com teorias não sustentadas pela verdade bíblica, baseados só nas emoções e sensações. Jesus nos quer sobre a Rocha dos Séculos que é ele mesmo.

Nossa maneira de viver deve ser agradável aos olhos de Deus. Isto só acontecerá à medida que estivermos nos firmando na rocha da verdade eterna. Jesus é a verdade e a vida. Nele teremos nossos passos firmados e nossa vida alicerçada. Ainda hoje os seres humanos estão construindo a vida sobre a areia dos interesses pessoais e das vaidades efêmeras deste mundo. A areia da fama, da glória pessoal, da popularidade política e do dinheiro acumulado não resiste ao peso do tempo e dos problemas, terminando por se esfacelar.

A vida sobre a areia não resiste às tentações do inimigo de Deus e, então, há um afundamento no pecado, que é como um lamaçal onde não se consegue apoio para sair. Só a Rocha eterna pode resistir ao peso tão grande da força do pecado e destruí-lo. Fundamentados em Jesus Cristo, seus discípulos são vitoriosos.

As tempestades sempre foram conhecidas dos povos, pois, mesmo em lugares onde normalmente não caiam chuvas torrenciais, é comum, em um ou em outro momento do ano, os ventos fazerem com que uma violenta precipitação aconteça.

Jesus mostra que ambos os construtores obtiveram êxito na empreitada. Suas casas ficaram prontas, possivelmente permaneceram intactas por muito tempo, resistindo até mesmo a algumas chuvas, mas quando a borrasca veio, só a que estava fincada na rocha é que resistiu. A felicidade de verdade está diretamente vinculada à maneira como construímos e alicerçamos nossa casa espiritual.

Mesmo que alguém morando na casa construída na areia possa resistir nesta vida terrena, o teste final virá no encontro com Deus, na eternidade Então, que valor terá tudo o que foi elaborado sobre a areia?

Para compreender melhor alguns termos e conceitos citados no texto, considere as observações abaixo:

- ⋄ Homem prudente – Comparado aqui com a pessoa sensata e espiritual, que deseja viver na dependência de Deus;

- ⋄ Homem insensato – Comparado ao imprudente que não toma cuidado como vive nem como se prepara para o futuro;

- ⋄ Desceu a chuva – Comparações que Jesus faz com as vicissitudes que surgem ao longo da vida terrena das pessoas e a vida espiritual na eternidade. Jesus demonstra que o ser humano deve ser espiritualmente sólido, tendo seus fundamentos fincados na Rocha eterna;

- ⋄ Correram as torrentes – Nota-se certa intensificação na apresentação da fonte de problemas. O volume das dificuldades vai se acentuando. Se a areia resiste por um pouco à chuva fina, quando ela engrossa e seu volume de água se transforma em enxurrada, logo vai comprometendo os alicerces;

- ⋄ Sopraram os ventos – A gravidade da situação torna-se uma catástrofe quando os ventos impetuosos sopram. Sem alicerces, a bela casa (vida de prazeres e deleites) rui.

11. A maravilhosa felicidade da autoridade divina – Mateus 7.28,29

28 E aconteceu que, concluindo Jesus este discurso, a multidão se admirou da sua doutrina; 29 Porquanto as ensinava como tendo autoridade, e não como os escribas.

O discurso, sermão ou ensino de Jesus que concluímos nesta leitura comentada tinha e ainda tem uma autoridade extraordinária, pois não há quem possa encarnar tanta sabedoria, autoridade e autenticidade como Cristo. Seu ensino, como toda a sua vida, foi para exaltar o nome do Pai. Jesus sempre mostrou que Deus deveria ser buscado em primeiro lugar, e que todos os nossos atos e pensamentos precisam ser pautados no amor ao Pai. Deus é sempre apresentado como Pai, Senhor e Criador.

Nossa dependência de Deus é sempre posta em evidência em todos os discursos do Mestre da Galileia, e ele sempre advertiu que sem ela só haverá destruição, sofrimento e perdição eterna.

A autoridade de Jesus vem de sua própria natureza divina. Jesus é Deus que, tomando a forma de homem, nasceu da virgem Maria por obra e graça do Espírito Santo, vindo ao mundo para cumprir o plano de salvação da humanidade, morrendo na cruz do Calvário e vencendo a morte. Ressurgiu, subiu aos céus e está assentado à direita do Pai.

Como Deus, ele nos revela a intimidade do Pai. Ao ensinar, Jesus demonstrava a teoria que ele praticara enquanto cumpria sua missão na terra. Não havia nos seus ensinos a preocupação com os ritos e a forma da religiosidade dos escribas, dos fariseus, dos rabinos e dos sacerdotes.

O povo ficou maravilhado, isto é, espantado e atônito. As pessoas que se relacionavam com Jesus nunca tinham visto tanta autoridade nem imaginado que alguém pudesse renovar o ensino de Moisés. Jesus não precisava usar a influência de outros mestres, como era comum nos discursos dos escribas e doutores da lei. Ele tinha autoridade própria vinda do Espírito Santo de Deus.

Os ensinos de Jesus mostraram uma nova face do relacionamento com Deus e com os homens. O respeito mútuo e a aceitação do outro, como realmente ele é, tornaram-se evidentes. Houve uma alegria muito grande no meio do povo, pois caíram barreiras de intolerância e de insatisfação permanentes. A religião deixava de ser um fardo insuportável e se tornava uma alegre canção de amor a Deus e ao próximo.

Surgiram novos horizontes e novas atitudes passaram a tecer uma nova sociedade, baseada em princípios verdadeiros e alcançáveis pelos pobres e simples homens e mulheres de todas as famílias. Moradores oriundos de vilarejos insignificantes da Galileia ou dos grandes centros religiosos da Judeia se identificavam com o ensino de Jesus de Nazaré.

Temos visto a humanidade seguir líderes em busca de um paraíso falso, criado no imaginário, ou de um pote de ouro no fim do arco-íris das lendas antigas. Pessoas até cheias de boa vontade têm buscado um encontro especial com Deus nas religiões, seitas e igrejas, assim como também procuram no místico mundo do ocultismo a descoberta da felicidade.

Sem Cristo não há felicidade. Sem Cristo não há paz. A felicidade consiste em amar a Deus e ser amado por ele. Quem é amado de Deus deve amar o próximo. Esta é a máxima da ética de Jesus. Somos agraciados devido ao amor do Pai, por isso, devemos, como pessoas agradecidas por essa graça, amar o outro como a nós mesmos.

A maravilhosa felicidade dos que se alegravam ouvindo Jesus se multiplica exponencialmente quando seus ensinos são praticados no dia a dia. Quem faz isso terá livre entrada pelas portas do céu e poderá caminhar pela estrada que conduz à vida eterna.

Finalmente, para promover uma compreensão mais ampla do texto mencionado, leia:

◊ Escribas – Homens que tinham a responsabilidade de transcrever a lei, os profetas e os demais livros das Escrituras. O mais destacado entre todos foi Esdras.

Conclusão

O Sermão do Monte é uma declaração inequívoca de que a verdadeira felicidade existe e pode ser alcançada. A leitura dessa passagem, assim como de toda a Bíblia, torna-se uma aventura apaixonante toda vez que procuramos seguir alguns critérios, dedicando atenção ao texto e promovendo uma observação minuciosa dos elementos principais. É preciso estar atento aos detalhes, observando os personagens que estão envolvidos no relato e levando-se em conta quem está falando na história e a quem fala o interlocutor.

Perguntas relevantes devem ser feitas: a quem se dirige o autor? De quem é a história e do que fala o texto? Quais são as palavras de Jesus ou de Deus? Como fazer a distinção entre a voz divina e a humana?

Além da atenção necessária, é também preciso compreender o texto. Procure saber qual é ou quais são as lições presentes. Que resultado o impacto da mensagem deveria produzir nos ouvintes daquela época e que ensinamento pode produzir em você e nos outros leitores de hoje?

A melhor maneira de saber se aprendemos uma lição é praticá-la e ensiná-la aos outros. Explique para alguém o que você entendeu do Sermão do Monte, compartilhe sua experiência de alegria com uma mensagem tão poderosa como esta. Examine todo o texto e aplique-o como filosofia de vida para você. Observe o que não deve ser praticado e seja obediente aos mandamentos. Faça dos ensinos do Sermão do Monte um lema de vida, aplicando-o na sua conduta ética, no seu relacionamento com os outros. Mude, se necessário, sua maneira de ver, ouvir, agir, reagir e amar. Faça adequação de sua vida aos ensinos de Jesus.

Makários. Bem-aventurados os que praticam o que aprendem de Jesus, os que passam a viver como ele quer que seus discípulos vivam. Jesus nos ensinou a felicidade. Agora, basta buscá-la, praticando os seus ensinos. A maior exigência dos ensinos é a obediência. Quando somos obedientes a Deus, aceitando os convites que nos são propostos, pondo em prática o que aprendemos, aí então descobrimos a felicidade de verdade.

Referências bibliográficas

CHAMPLIM, R.N. **A voz bíblica:** O Novo Testamento interpretado. Guaratinguetá.

DANA, H.E. **O mundo do Novo Testamento.** Rio de Janeiro: Juerp, 1977.

DARBY, J.N. **Literatura cristã:** Mateus, Marcos. Lisboa: 1985.

DAVIS, John D. **Dicionário da Bíblia.** Rio de Janeiro: CPB, 1960.

Dictionnaire encyclopedique de la Bible. Bélgica: Brepols, 1987.

Dicionário internacional de Teologia do Novo Testamento. São Paulo: Vida Nova, 2000.

Nouveau Dictionnaire de la Bible: Editions Emmaus. Suíça: Saint-Legier, 1975.

HALLEY, H. H. **Manual bíblico.** São Luís: Editora Evangélica, 1963.

MONEY, Netta Kemp de. **Geografia histórica do mundo bíblico.** Editora Vida, 1977.

RONIS, Osvaldo. **Geografia bíblica.** Rio de Janeiro: Juerp, 1982.

TSAKER, R. **Mundo cristão**: Mateus. São Paulo: Vida Nova, 1985.

Este livro foi produzido pela Editora Ágape com as fontes Poppins, Yeseva One e Taviraj; impresso no papel de miolo Pólen bold 70g/m² e capa Cartão Supremo 250g/m² em outubro de 2020.